ねこしき

哀しくても
おなかは空くし、
明日はちゃんと
やってくる。

猫沢エミ

JN082457

はじめに

料理好きだと、なぜかきまって「お母さまが、お料理上手だったんですか?」と聞かれる。福島県白河市、小さな城下町の呉服店で育った私は、祖母も母も〝着物屋の女将さん〟として働いていたうえ、家のなかは大叔母を中心に、身内や従業員が多く出入りしていたものだから、子どもの頃は〝台所のおばちゃん〟と呼ばれていた家政婦さんがいて、料理はすべてそのおばちゃんが作っていた。おばちゃんは北海道の出身で、お父さんがアイヌ人であることを誇りにしていた。「子どもの頃、食べ過ぎて嫌いになった」という牛肉は、我が家の食卓にあまり上ることがなかった。今でも牛肉が、私のなかの常食肉ランキングで下位なのは、おばちゃんの味覚の影響なのだ。

おばちゃんの料理は美味しかった。そんなわけで、祖母はあの時代の人には珍しく、料理をまったくしない人だった。たまに気がむいて味噌汁を作るとき、高野豆腐は水で戻すものということを知らなかった故にトンカチで叩き割り、コロッケと一緒に鍋へ入れてしまうアヴァンギャルド!母は、おばちゃん引退後に料理教室へ通い、ひと通りは料理が作れるようになったが、そもそも料理がとりたてて好きな人ではなかった。それで私は、ずいぶんと小さな頃から「美味しいものを食べるには、自分でなんとかしなくてはいけないのだ」と悟り、料理を始めた。だから冒頭の質問の答えは、私にとって真逆になる。それでも、おばちゃんのおかげで、子ども時代の私の舌は、かろうじて美味しいものを食べる喜びの種を蒔いてもらったのだと思う。今は亡きおばちゃんが蒔いてくれた種は料理だけにとどまらず、編み物や手芸など多岐にわたった。特にふたりでよく観た時代劇の面白さは、後に私を無類の池波正太郎ファンへと育て、食の興味へも直結した。18歳で上京、26歳でシンガーソングライター兼パーカッショニストとしてデヴューしてからも、裕福な時期はほとんどなかったから自炊は当たり前、かつ創作の最高の気分転換として、料理は常に私と共にあった。それが、こんな本まで出せるようになっちゃうとは!

そう、私は料理のプロではない。日々をよりよく生きるために食べ物をこしらえる、みなさんと同じ生活料理人だ。本の表題『ねこしき』とは、〝猫沢のしきたり〟を短くしたもの。その名のとおり、この本は料理だけにとどまらず、50歳を迎えた女性の、ひとつの生き方をお伝えする本でもある。料理と人生を切り離すのは難しい。だって、食べることは生きることだから。この本を手にされたあなたが、平凡な日常の素晴らしさと、そこに生きるあなた自身の美しさを再発見して、煌めきますように。

Contents

7章 人生後半をよりよく生きる
——明日の自分を助ける手仕事—— 134

1章 自分といることを楽しむ

―ひとりハレの日―

誰かと一緒にいるのが好き。
でも、いざ約束を取り付けると億劫になる。
寂しがり屋のくせしてひとりになりたがり屋。

人間ってそんなものなのかもしれない。

友達がいるなと思う日もあれば
友達なんかいないと思う日もあったり。
寂しいとき誰かに長電話をかけながら
スナック菓子をぽりぽりしちゃって
あゝ、なんだか時間がもったいなかったなんて
思う自分は
なんと矛盾しているんだろう。

明日はちゃんとごはんを作ろう。

ひとりは、ひとりぼっちなんかじゃない。

猫によく似たうみねこの、みゃーみゃーという鳴き声で目を覚ます。ここは、隅田川のほとりに建つ高層マンションの一室。海にもほど近い場所で、陽がのぼると同時にかもめ属の仲間たちが、にぎやかに鳴き始めるのだ。天井に吊るした玉ねぎ型のペンダントライトをぼんやり眺めながら、休日のメニューをあれこれ考える。こんな晴れた日にはベランダにテーブルを出して、ソーヴィニヨンメロンを決め込もうか……。私は目覚めるとすぐに、今日の食べ物のことを考えずにはいられないのだ。そうしているうちに、我が家の三猫たちがおはようの挨拶をしに枕元へやってくる。今度は本物の猫の声をたずさえて。

36歳のとき、ここを買った。とはいえ《自分の城を手に入れた》なんていう夢のある買い方ではなかった。当時の彼とヨーロッパ製のバイク輸入会社を立ち上げ、羽振りのいいときもあったが次第に危うくなって、買えるときに買っておかねば、という後のない選択だった。会社の傾きをどうにかしなくてはいけなくて、10年暮らすつもりだったパリから引き上げることになった。愛した街から去るあの日、私はすでに、できるだけ早くここへ戻ってこようと心に決めていた切ない旅立ち。そして帰国してからの暗澹たる日々。今思えば、パリにも、ここ東京下町にも可哀想なことをした。私は自分が暮らすふたつの街を、なにひとつ明るい気持ちで眺めてやれていなかった。会社を徐々に縮小し、彼との関係もどんどん暗闇へ落ちていくなか、病を患って2年連続の手術。3年ほど身動きのとれない日々を送っただろうか。その矢先に、パリへ一緒に渡り、日本へ連れ帰ってきた愛猫ピキがこの世を去った。健康も、仕事も、お金も、愛も、ぜんぶ失った。そんな、自分のなかにある漆黒の湖へ落ちるがままにしていたある日、私の手が湖底に触れたなとはっきりわかった瞬間があって、そこから逃げるのをやめた。そもそも、これ以上落ちようのないところまで落ちたという鮮烈な体感は、逃げるもなにも、もう行き場所は上しかないのだという現実を突きつけた。ひねくれて、ずるい考えに囚われていた。現実の状況を誰かのせいにばかりして、根本から問題に向き合おうというまっすぐな気持ちなど、とうの昔に忘れてしまっていた。

彼に別れを告げ、これまで続けてきた文筆業やミュージシャン業のかたわら、収入を安定させるためにお弁当屋さんで働きはじめた。とはいえ、それは微々たる収入でしかなかったけれど。友人たちからは、なぜもっと自分のスキルを使わないの？　とずいぶん訝《いぶか》しがられた。でもその頃、私が心にぶら下げていたつまらないプライドや、他人がどうにかしてくれるだろうという無責任な期待を捨てるには、手足を動かして働くことが、どうしても必要だったのだ。もはやブレすぎて、存在すら危うくなった人生の軸を取り戻すために。32歳でパリへ行ったあの頃も、セーヌ川にずいぶんと余計なものを捨てたつもりだったが、まだまだ捨て切れていなかった。

先に話した30代終わりで受けた2回の手術が、どちらも子宮の病だったこと。そして、子どもが生める年代にパリと東京を往復して、自分の人生を組み上げることに時間を使ってしまった。それゆえ現在50歳の私は、子どものいないひとり身だ。この4年間に、両親も相次いで見送った。ときどき、家族を持っている友人のお宅へ行って、その温かな空気に触れると気持ちがいいと素直に思う。でも、それを羨ましいとは思わない。今ある私は、私自身で決めたすべての選択の果てにできている、と知っているから。もちろん、ひとり暮らしが寂しいと思う日もあるけれど、誰かと比べて羨ましがるのは、まるで《かもめは空が飛べていいな》の空想と同じだ。

人生の逃亡生活をやめた頃、私は体のために食生活全般の見直しを始めた。お金がほんとうになかったから、買える食材も限られていて、しかもなにひとつ無駄にせずに使い切るために、結果たくさんのレシピを生み出すことになった。命ある食材に触れ、その声を聞きながら、新鮮な青菜を色よくゆでる。くるみを刻むなら、香ばしく食べ応えのある大きさはどのくらいだろう……。私が生きるために日々命を捧げてくれる彼らのメッセージを受け取るたびに、すっかり聞こえなくなっ

ていた自分自身の声が聞こえてくるようになった。楽しかったり、辛かったり、嬉しかったり、哀しかったり、日々の声たちはどんなときもとても豊かな色をして、私自身に、長いあいだ目を向けてもらえなかった胸のうちを語るのだった。そのときだ。生まれてはじめて、私が私を現実の姿から1㎜も違《たが》わずに愛してあげられたのは。お弁当屋さんでのアルバイトを辞めた。そうして心から自分を許して、不眠不休の本業へ復帰した激務期を支えてくれたのも、日々の食事だった。

働き、稼ぎ、丁寧に支出を考え、お金を使うことへの恐怖心（私は会社の失敗と、自分の金銭感覚のなさからくるコンプレックスを抱えて、とても長い時間、お金という存在が怖かった）を克服して、人生を豊かにするため、自分への正しい投資を始めた。一気に使うものではない塩や砂糖、スパイスなどの基本の調味料は、多少高くてもいいものを揃え、食に限らず、直接肌に触れるものには、できるだけいいものを買うように心がけた。節約だけが正しいお金の使い方ではない。限られたお金は、毎回真剣勝負で私にものの真価を見極めさせる師匠になった。そうして整った私のまわりにも変化が起きた。以前なら想像もできなかった元彼とのよき友人関係の復活。そして、本当に困っている人の話を聞いてあげられるだけの経験値や、薄っぺらじゃない心の寄り添いも、自分がひとりで立っていられるからこそできることだった。大切な人たちを幸せにしてあげたいなら、まずは自分を大きく育てる。それはエゴでもなんでもなく最良の道だ。まるで大樹がたわわにつけたその実を振り落とし、幸せを分けるような。

もう、誰に食わしてもらうこともない自由のなかで、私は日々、自分が食べるものを楽しんでこしらえる。あつあつのじゃがいもの皮を、ちょちょっと指を水に浸しながらむく。その熱でしんなりする玉ねぎの豊かな香りを味わいながら、手早くバターと混ぜ込む。平凡で、簡素な生活の繰り返しが、どれほど大きな幸せなのかを私は知っている。そして、もう二度と、あの湖底には行かないと心に決めた。なにひとつ愛がなかった。自分をとりまくすべてのものを、粗雑に扱っていた暗闇の時間。モノも、街も、人の想いも、そして自分自身も。朝陽がのぼり、うみねこが鳴き、3匹の愛猫たちがおだやかに寝そべるこの家で、私は今日も台所に立つ。ひとりを理由に手を抜くことなく、鮮やかに野菜を揚げては次々漬け汁へ放り込む。そんなふうにひとり分をきちんと作れたら、ふたり分以上もきっと上手に作れる。ひとりで楽しく美味しく食べられたら、ふたり以上でもきっと楽しくて美味しい。ひとりは、ひとりぼっちなんかじゃない。自分自身とふたりでいること。そして、それを正しく愛せたとき、ひとりの時間は外の世界と繋がって、新しい扉を開いていく。

—くるみ春菊アンチョビのポテトサラダ
—ソーヴィニヨンメロン
—野菜揚げ浸し　レモングラスとマーガオの香り

くるみ春菊アンチョビのポテトサラダ

おかずによし、酒の肴によし、みんな大好き定番ポテサラ。おめかしバージョンのこちらはパーティーの前菜にもなります。あつあつのじゃがいもの余熱が、生のままの玉ねぎと春菊にほどよく熱を通してくれて、ふんわり香りが立ち上る。そこへコクと香ばしさのアンチョビ、くるみが加わり、和と洋のいいとこ取りで、どんなお酒にもよく合います。じゃがいもはやわらかめにしっかりとゆで、マッシュポテトに近い食感に仕上げるのが私の好み。冬場なら、軽くゆでた百合根を最後に混ぜるといいアクセントになります。多めに作って、翌日丸めてコロッケにするのもオススメ。これがお弁当に入っていると、ちょっと嬉しい。

材料 (2〜3人分)

じゃがいも
… 中3個(400g程度)
玉ねぎ … 1/4個
春菊 … 1茎
無塩バター … 大さじ2
塩 … 小さじ3/4
アンチョビフィレ … 2枚分
アンチョビの漬けオイル … 小さじ1
くるみ … 20g
マヨネーズ … 大さじ2
プレーンヨーグルト … 大さじ2
白胡椒 … 少々

作り方

1 玉ねぎは薄切り、春菊は長さ3cmほどに切る。くるみは包丁であらく刻み、アンチョビは細かく刻んでおく。

2 じゃがいもは皮のままひたひたの水に入れ、30分ほどゆでてからフォークなどに刺して、熱いうちに皮をむく。

3 ボウルに皮をむいたじゃがいもを入れて軽くつぶしながら、まだ熱いうちに玉ねぎ、春菊を先に混ぜ、バター、塩、アンチョビとオイルを手早く混ぜ合わせる。

4 マヨネーズ、ヨーグルト、白胡椒、くるみを入れてよく混ぜる。

ソーヴィニヨンメロン

メロンが安い、夏のパリで生まれたけしからんメニュー。1/8カットなんてけちけちしないで、思いっきりメロンを食べてやれ！　の食いしん坊根性が生み出したというわけ。白ワインのソーヴィニヨン・ブランがメロンによく合います。メロンの果汁がワインの香りと相まって、アペリティフらしい味の変化も最高、果肉とワインをスプーンで一緒にすくいつつときどき生ハムをつまむも最高。メロンをくりぬくたびにくぼみが大きくなるので、結果そのつど注ぐワインの量も増えていく、という大変危険な代物。気づけばひとりで1本あけてた……なんてこともよくあるから、くれぐれも呑みすぎには注意！　ミントがお好きなら、もっと足してメロンと一緒に食《は》むのも◎。

材料　(2人分)

メロン … 1個
ソーヴィニヨン・ブラン … 1本
ミントの葉 … 1枝分
生ハム … お好みの量

作り方

1
メロンを横半分に切って、底になる部分を平らになるよう、少しそぐ。そぎすぎると穴があいて、せっかくのワインが漏れるので注意。

2
メロンの種を取り除いて、お皿にセットする。

3
風通しのよい場所にテーブルを置き、メロンがのったお皿のまわりに、ワイン、ミント、生ハムをはべらせる。ポータブルスピーカーなどで音楽を流すとなおよし。

4
メロンのくぼみにワインを注ぎ、ミントを浮かべて、スプーンで一緒に食べる。で、ときどき生ハム。

5
ワインがなくなったら、また注ぎ……を繰り返し、ほろ酔いになるまで続ける。

野菜揚げ浸し

レモングラスとマーガオの香り

私は爽やか系の香りに目がない。レモングラス、カフェライムリーフ、カルダモンなどを常備していて、料理のジャンルにとらわれずに取り入れます。近年注目を浴びている台湾のスパイス《馬告《マーガオ》》は、一見、黒胡椒のように見えて辛みはゼロ、柑橘系の香りが特徴です。すりつぶして餃子の餡に入れると爽やかな香りが最高！ そうめんの名脇役であるこの野菜の揚げ浸しを作るときも、その漬け汁に入れておくと香りが立ってより一層箸が進むんです。夏野菜なら豊かな彩りに、秋冬なら、かぼちゃやさつまいも、蓮根、百合根などの根菜や、栗、銀杏などでこっくりした味わいに。通年手に入るオクラや絹さやなど、どんな野菜でも受け止めるのが、この料理のいいところ。

材料（4人分）

A
- なす…2本
- いんげん…12本
- ゴーヤー…½本
- ズッキーニ…½本
- パプリカ…½個
- かぼちゃ…種を取ったアーチ形3㎝幅1枚

みょうが…4個
プチトマト…4個
とうもろこし…½本
キャノーラ油…1ℓ
水…600cc
茅乃舎だし（焼きあご入）…3袋

B
- 醤油…大さじ4
- 塩…小さじ½
- きび砂糖…大さじ3
- 生姜薄切り…3枚
- レモングラス…3〜4本（ドライの短いものなら6〜7本）
- 軽く叩いてひびを入れたマーガオ…5g

作り方

1
Aの野菜は食べやすい大きさに切る。なすは水にさらした後、キッチンペーパーなどで水けを拭き取る。みょうがは根元に縦に軽く切り込みを入れる。プチトマトは楊枝などで数カ所穴をあける。とうもろこしは3㎝幅に切ってから縦にふたつ割りにする。

2
鍋に水とだしを袋ごと入れ、ふつふつと沸かしてだしがとれたら袋を取り出す。Bを入れてふたたび軽く温めたら火を止める。

3
油を150℃に熱して、1のいんげん、ゴーヤー、ズッキーニなどの青物野菜から、さっと揚げていく。皮がはじけるプチトマト、時間がかかるなすは油が汚れやすいので最後に揚げる。とうもろこしも150℃をキープして、実が少し開いたらOK。温度が高くなると実がはじけて危ないので注意。

4
揚げた野菜は、一度キッチンペーパーで余分な油を吸い取ってから、熱いうちに漬け汁に浸すと、さっぱりとした仕上がりになる。すべて浸したら、冷蔵庫で3〜4時間休ませる。

2章

ぐうの音《ね》も出ないときこそ食べるのだ

——MAXケの日——

襲い来る日々のプレッシャー……

あれやってない、これまだだった
部屋がめちゃくちゃだ。
そうこうしているうちに
持病のなんちゃらで
体のどこかが痛くなってみたり。
ベストコンディションなんか
一年のうちに何日あるのかわからない。

そんなとき、あえて台所に立ってみる。
するとさっきまで深刻だったことが
そうでもないことに気づくのよ。
鼻歌を歌いながら、丁寧にコーヒーを淹れる。
なんだ、ぜんぜん大丈夫じゃないの。

俯《ふ》瞰《かん》の私、もうひとりの私

私は写真を撮るのが好きだ。iPhoneでパシャパシャ撮るだけだけど、そこに写る、自分の目で見たものとは違った風景が面白い。ベランダで毎日目にする50階建てのマンションは、本当はまっすぐ建っているのに、レンズの角度と歪みでピサの斜塔くらい傾いている。ああ……こういうふうに、相手がひどく歪んで見えるときってあるな、と私は思う。でも少し冷静になって考えてみれば、大抵は、こちらのコンディションが悪くて、心のレンズが歪んでいるだけなのだ。

ひとつのメールが、一言の返答が、やけに辛辣に感じる日がある。言葉とは、人間だけが持つ、的確に物事を伝えられるコミュニケーションツールなのだけれど、使う人の心や体のコンディションによって、いかようにも解釈されてしまう不思議な側面を持っている。相手はそんなつもりで言ったのではないのに、読み手の心持ちひとつで〝そんなつもり〟に変わるのだ。若い頃の私は、そうした読み違いで無益ないざこざを自ら招いていた。もちろん逆も然り。そんなとき、読み違いをしている側の自分を思い出して、おおらかに許してあげないと、関係の悪化が始まる。これは自分と他者という、複雑な人と人との間で起こることだけでなく、実は自分ひとりのなかでも心の読み違いは起こる。その読み違いの原因は、《私は100%、私の所有物である》という思い込みからくるものだ。

47歳のときの重い頸椎ヘルニア手術以降、私の脊髄は気圧の低下で誤信号を繰り出すようになった。朝、目を覚ますと、体のあちこちに痛みが走る。その箇所に問題はない。ただ、傷んだ神経が勝手に信号を送るのだ。気圧の低下は、気象庁の観測よりももっと素早く体が察知する。鎮痛薬に頼るのも限界で、あとは上手にこの体と付き合っていくよりほかないのだけど、私も人間だから、ときどきうんざりしたり、自暴自棄へと引きずられそうになる。そんなとき、ひょっこり現れる。痛くて負の感情へ流されそうになる私を、もうひとりの私が笑い飛ばして「まあ、ひとまず何か作って食べたら?」と言う。うん、そうだね。こんなときでも卵焼きくらいなら……と、食パンをトースターにセットして、だしの利いた甘い卵焼きのサンドウィッチをこしらえる。曇天の空をぼんやり眺めながら、ほかほかのサンドウィッチを食べていると、気分も痛みもぐんとやわらいでいく。

もうひとりの私は俯瞰のまなざしだ。どんな状況でも自分から目を背けたり、くだらないセンチメンタリズムに溺れて、日々のあれこれをおろそかにしないように見張っている。でも、その見張り方は厳しいものではなくて、時々の私の気持ちを尊重しながらさりげないアドヴァイスをくれる、

MONSAVON
au lait
PARIS
LA CUISINE

なかなか思いやりのあるいいやつなのだ。そう、私は私の所有物などではなく、もうひとりの私といつでも細やかな対話の末に物事を決めて生きているのだ。

もうひとりの私は、度重なる苦境で得た人生最大の親友かもしれない。若かりし頃、《私は100%、私の所有物である》という、ぞんざいで貧相な考えに縛られていた。体をどんなに酷使しても、心がどんなにすさんでも、肝心な踏ん張りどきには容易に目をそらした。そんなことを繰り返していると、体と心は嘘をつき始める。どうせ本当のことは聞いてもらえないのだとあきらめて、場当たり的なことを言い始めるのだ。その頃の私は、体をいたわるための睡眠もとらず、食事も適当、身の回りや、家の整えにいたるまで、ありとあらゆることが雑の極みだった。その頃に作ってしまった床の傷や壁の汚れを見るたび、なにもかもがひどく不憫《ふびん》だ。俯瞰の私は、ナルシシズムや承認欲求とは対極にある、ものすごく冷静な自己の捉え方だ。自分を卑下したり、過剰に評価したりもしない。まるで、凪《なぎ》の水面のようにすべてを映し出す、超純水でできた鏡だ。対峙すれば、丸裸になる。弱点も美点も狂いなく、そのときの自分が突き出される。歪んだ自己愛など入り込む余地もなく、そのつど足りない自分を眺めては笑ってしまう。

それでもやっぱり心身が追い込まれると、心はざわつき、所作は乱れるものだ。元来、生真面目で完璧主義なところがある私は、できない自分を必要以上に追い詰めてしまう。そんなとき、きゅっと心が縮こまり、視野がぐんと狭くなるのがわかる。一秒も無駄にできない……と、焦る気持ちをぐっと抑え、あえて台所に立つのだ。頭をからっぽにしてキャベツをざくざく切り分け、鍋にぎゅっと押し込む。寝不足の半目状態でスープを仕込んでいるとき、料理好きだった作家・檀一雄の料理エッセイ『檀流クッキング』の痛快なレシピを思い出す。〝こんなものは適当にぶちこめばよいのである〟。そうだ、そのとおりだ。いつも完璧じゃなくていいのだ。作る時間がなくてきちんと食べないと、体は参って、心もそれに引きずられる。心の狭くなった私と一緒にいる人からしてみれば、たまったものではない。他人へのそんな甘え方は、子どもっぽくてみっともないなと思う。こんなときこそ、無理なく作れるものでいいからきちんと食べて、キリリと笑顔で立っていたい。

そして、こうした苦境のときこそ、いかに自分を無駄に追い詰めることなく、健やかに乗り切れるかに挑戦する絶好のチャンスだ。一日の時間割りを大まかに作り、仕事と家事と雑務に分けて、ひとつずつクリアしていくようにする。この小さな達成感方式はなかなか効果的で、焦る気持ちを具体的に静めてくれる。そして、ちょっとした休憩時間は、完全に現状から切り離して楽しむことに集中する。美味しいお茶や、手製のお菓子があったらなお素敵。友達との食事、気分を切り替えるための時間を使うことに、罪悪感はもってのほかだ。それなくして24時間闘える人間なんて、この世のどこにもいないのだから。

面白いことに、叩《はた》いてもなにも出ないよというときに限って、友達からのSOSが舞い込む

AEG
ÖKO_LAVAMAT TURBO

ことがある。しかも、今、話を聞かなくてはなんの意味もないという、相手も追い込まれた状態で。そんなとき私は、自分の力袋をひっくり返して、底のほうにわずかに残っている、クッキーのかけらみたいなエネルギーをかき集めて、友達を励ますことにしている。すると、自家発電装置が作動して、新しい力が滾々《こんこん》と湧いてくる。エネルギーの出し惜しみなんてせずに、あげられるものをぜんぶあげてしまったほうが、自分自身も新しく満ちることができるから。

深夜、傷ついた友達が、家に転がり込んでくる。「なあに、時間なんてどうにでも伸び縮みするものだよ」と俯瞰の私がそっと微笑む。タイムとセージを刻んでお肉を丸めて、酒粕のシチューを作ろうか。ローズマリーも一枝浮かべよう。ストレスによく効き、疲れがとれるのだ。泣いていた友達が、ティッシュで鼻をかみながら「美味しい」と笑顔になって食べている。私も同じ笑顔で、同じシチューを食べる。体の奥底にある泉から、たった今、湧きはじめた新しいエネルギーのこだまを聞いているのは、私と、もうひとりの私だ。

—海苔たまサンド
—キャベツぎゅうぎゅうスープ
—酒粕入りトマトのハーブミートボールシチュー

POWER
WE WISH YOU FINE
VERY WELL !!!
PIKI
8 MILLION
DIVINITIES
ROSERAIE
KEEP CALM AND CARRY ON
HOPPER

海苔たまサンド

私がもしも喫茶店を開いたら、この海苔たまサンドを看板メニューにしたい……という、妄想から生まれました。だしはいろいろ試してみた結果、なぜか《リケンの素材力だし〜本かつおだし》でないと、この味にならないのです。卵料理って、スタンダードなくせして実は難しい。でも、どうせサンドしてしまうから、多少破れても形が崩れても気にせずに。おうちですぐに食べるときはやわらかめに、お弁当サンドのときは、しっかりめに火を通すといい。海苔もね、2枚はさんでみたり、いろいろやってみたのですが、1枚がベスト。これ以上よけいなことをしないほうが美味しいってこと、料理には結構あるんです。足し算じゃなくて引き算。うーん……美味しい！

材料 (1人分)

8枚切り食パン…2枚
卵…1個
塩…少々
きび砂糖…小さじ1
リケンの顆粒かつおだし
　…½本
水…小さじ1
マヨネーズ…大さじ1〜2
海苔…¼枚
黒胡椒…少々
ごま油…適量

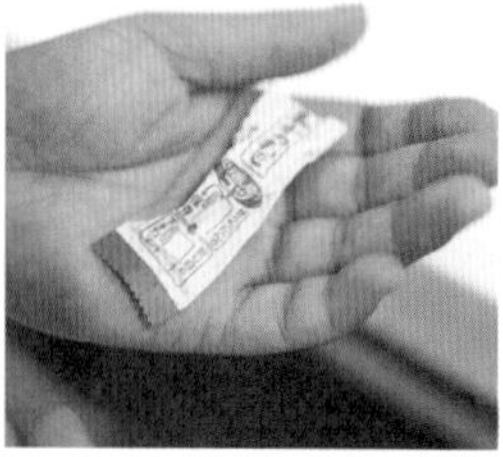

作り方

1
パンをトースターにセットする。卵は冷蔵庫から出しておく。

2
塩、きび砂糖、かつおだしを小さな器に入れて水で溶き、卵を割り入れてよくかき混ぜ卵液を作る。

3
パンをトーストして、両方にマヨネーズを塗り、1枚には黒胡椒を振り、もう1枚には海苔をのせる。

4
四角い卵焼き器にごま油をひいて、よく熱したら卵液を流し込み、はじめは箸でスクランブルエッグを作るようにぐるぐるかき回す。全体が固まってきたら四角に整え、まだ表面が半熟ぎみのうちに、黒胡椒を振ったパンの上にポンとのせる。卵はひっくり返さなくてよい。

5
海苔をのせたパンでサンドし、半分に切る。

キャベツぎゅうぎゅうスープ

もう何もできない……という限界でも作れるのがこのスープ。どこのお宅にもある小鍋に、キャベツをぎゅうぎゅう詰め込んで、あとはその隙間に水を張って、その他のものをぜんぶ入れるだけ。どうしても忙しいときって、インスタント食品に手が伸びそうになるけれど、こういうときこそ野菜をとるべきだし、やっぱりその後の復活具合が違ってくると思うんです。多忙で傷みがちな胃にも、キャベツに含まれるビタミンU（別名・キャベジン。そう、あの薬の名前です）の抗腫瘍作用が効いて、ダメージを最低限に抑えてくれます。そして、こういうときは完璧を求めちゃダメ。とにかく食べれりゃいいんだくらいに作ってごらんなさい。なぜかちゃんと美味しくできるから。

材料（作りやすい分量）

キャベツ…中1/4個
玉ねぎ…1/4個
人参…1/4本
茅乃舎野菜だし…1袋半
塩…小さじ1/4
ローリエ…1枚
水…600cc
ソーセージ…3〜4本
白胡椒…少々

作り方

1
玉ねぎは薄切り、人参は皮をむいて5mm幅の輪切り、キャベツは1/4をさらに半分に切る。小鍋にソーセージ以外の材料をすべてぎゅうぎゅうに入れて、中弱火で10分ほど煮る。

2
ソーセージを入れて5分ほど温めればでき上がり。白胡椒を振っていただきます。

酒粕入りトマトのハーブミートボールシチュー

私は一年中野菜庫に酒粕を常備していて、お味噌汁を作るときにも、大さじ1〜2杯を入れて〝味噌粕汁〟にしています。江戸時代、夏の滋養強壮に甘酒が飲まれていたのは有名な話ですが、本当に疲れがとれて助かるのです。ならば、和洋の枠を越えてシチューに入れたっていいじゃないか、が誕生のきっかけ。酒粕を入れるメリットには、豊かな旨みで塩分を控えめにできるというのもある。ハーブミートボールなんか、作ってらんないわ！　という方は、遠慮なく皮をはいだ鶏もも肉を、一口大に切って入れてくださいな。豚こま肉だってよし。その場合、ハーブを直接スープに入れればＯＫ。ハーブ使いのビギナーさんにもオススメのメニューです。

材料（2〜3人分）

A
- キャベツ … 1/8個
- 玉ねぎ … 1/2個
- しめじ … 1/3株
- なす … 1本
- ズッキーニ … 1/2本
- かぼちゃ … 種を取ったアーチ形3cm幅1枚

にんにくみじん切り … 1/2かけ
トマトの水煮 … 1/2缶
茅乃舎野菜だし（コンソメでも可）… 1袋半
白ワイン … 20cc
水 … 600cc
酒粕 … 大さじ2
ローリエ … 1枚
ローズマリー … 1枝

《ハーブミートボール》

B
- 鶏ひき肉 … 150g
- 玉ねぎみじん切り … 1/6個分
- 生姜みじん切り … 大さじ1
- にんにくみじん切り … 薄切り4枚分
- パン粉 … 大さじ1〜2
- 牛乳または豆乳 … 大さじ1〜2
- 塩、白胡椒 … 各少々
- タイムの葉（ドライや粉末でも可）… 2〜3本分
- セージ（同様）みじん切り … 4枚分

作り方

1
Aはすべて食べやすい大きさに切る。

2
鍋に1、にんにくみじん切り、野菜だし、白ワイン、水、ローリエを入れて10分ほど煮込んだら、トマトを手でつぶしながら入れて、5分ほど煮込む。

3
ハーブミートボールを作る。Bをすべてボウルに入れてよく混ぜたら、スプーンなどを使って丸めながら、2の鍋に投入する。

4
スープをお玉1杯分ボウルにとり、酒粕を溶かして鍋に戻す。ローズマリーをのせて香りが立ったらでき上がり。

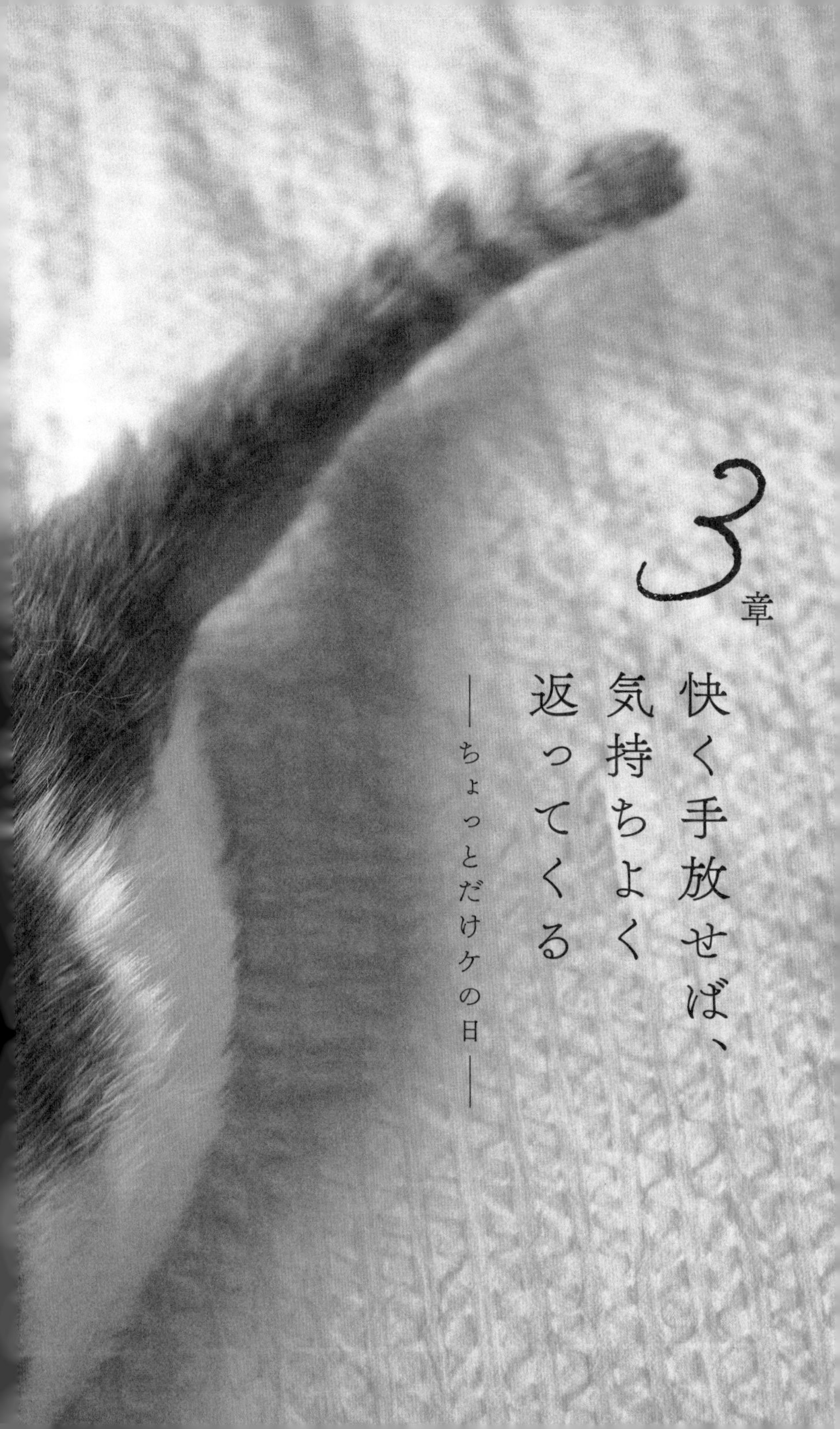

3章

快く手放せば、気持ちよく返ってくる

――ちょっとだけケの日――

何かを所有して安心するのは人の性《さが》。
ところがふと気がつくと
所有したはずのものに縛られている自分がいる。

おかしいな……なんだこの不要なモノの山は。
断捨離をしていくと胸がすっとするのは
自分を縛り付けてるものからの解放感なんだろうね。

人もモノも、空に放り投げてしまおう。
そのなかの本当に大切なものだけが
いつか美しい弧を描いて戻ってくると思うから。

さよならは別れの言葉じゃなくて

私の朝は遅い。いつも起きるのは9時くらいだ。主宰しているフランス語教室《にゃんフラ》は、平日の終業時間が22時。そこから晩ごはんを作って食べてあれこれしていると、寝るのはどんなに早くても夜中2時頃になってしまう。

朝起きてまずすることは、猫たちにごはんをあげて、猫トイレの掃除、ケアなど、猫にまつわる一連の日課。彼らは私の大切な家族であり、共同生活者だから、これをおろそかにすることはできない。それからようやく自分の朝食の準備にとりかかる。朝ごはんの時間も遅いから、朝昼兼用のブランチだ。そういうわけで、朝食としてはかなりしっかりしたメニューが多い。冷凍庫に常備しているベシャメルソースは100gの小分けにしていて、解凍すればすぐに使えるから、クロックマダムも素早く作れる。パンの間に、折々のハムやソーセージをはさみ、上からたっぷりとベシャメルソースとチーズをかけて、オーブンでこんがりと焼く。チーズの香ばしい香りが部屋中に漂うと、パリの庶民的なビストロカフェを思い出す。

40代の半ばで、人生初の教師業を始めた。それまでは、限られた特殊な分野で仕事をしてきて、付き合う人の種類も、そこで働くクリエイターたちがほとんどだった。実践をテーマにしたフランス語教室《にゃんフラ》を始めてからは、様々な業種の、年代も違う生徒たちと触れ合うことになった。異業種の彼らから教わる外の世界は、狭かった私の視野を大きく開いてくれた。でも、始めた頃はとても大変だった。ひとりひとりの生徒にどうしても感情移入しすぎて、ややもすると、教師と生徒のラインを越えて、お互い介入しすぎることがよくあった。語学学習は根気のいる学びで、教師と生徒の関係は長距離ランナーと伴走者のそれと似ている。だからこそ、両者が健やかでコンスタントな走り方をしなければ続かない。それには、それぞれの領域に踏み込まないラインが必要になる。けれど、そのライン引きは互いを尊重するためで、決して冷たいものではない。おとなになってからの勉強は、時間とのせめぎ合いなので、やむなく辞めていく生徒たちもたくさんいる。そんなふうに、始めて2年ほど経った頃、教師業とは出逢いと別れのプロなのだなとわかった。

教師と生徒という関係に限らず、出逢った人の大半がやがて、袂《たもと》を分かつ。縁あって出逢った人も、その縁が濃いのか薄いのかは、付き合ってみなくてはわからない。まるで恋に落ちたみたいに、関係を急ぎすぎると終わるのが早いのは、男女でなくとも同じ。本当の人柄を知るためには、時間がかかる。そして、心を開くスピードも人によってまちまちだから、そのスピードを無視して踏み込めば、せっかく開こうとしていた心もたちまち閉じてしまう。人は皆、生涯の○○という存在を持ちたがるものだ。もう二度と、孤独にならない確約があったなら、どんなに安心だろう。でも、人は変わっていくのだ。そのことをネガティヴに捉えてはいけないと私は思う。

《にゃんフラ》を去っていく生徒たちを、私は快く見送るようにしている。結婚や出産で、人生の転換期を迎える生徒もいれば、新しい学び方や先生を求めて巣立っていく生徒もいる。フランスへ留学のために旅立っていった人もいた。私がいなければフランス語が話せるようにならない生徒なんて、実はひとりもいないのだ。私はそこまで完璧な先生ではないし、逆をいえば、世界のどこを探してもひとりの生徒に対して、完璧な先生などいはしないのだ。その人の成長に合わせて、望める一番いい教師を探すべき。そんな巣立ちはすがすがしく、晴れやかなものだ。

私がいなければやっていけない人は、この世に誰ひとりいない。いるとしたら、私の愛猫たちくらいのものだろう。彼らは野生には戻れない。だから、一生離れずにいられるのだ。私たち人間が動物と暮らすのは、生涯のパートナーとして確約のとれた関係性でいられるから。でも、人間だとこうはいかない。たとえ一生を約束したパートナーだとて、個々の状況の変化や、人としての成長のスピードがぴたりと合っているカップルなんて、本当に稀《まれ》だ。もしも一緒にいることが苦しくなってしまったら、互いの手を離したほうがいい。相手が去るとき、私は追わない。だから私が去る

TASCAM

ときも、追うことなく見送ってほしい。もう二度と、顔も見たくないほど嫌いになる前にそれができてきたなら、この別れは、再び会うための遠い約束になるのだから。

苦楽を共にした元彼とは、10年の時を経て友人に戻ることができた。それは互いを人間として嫌いになる前に決断できたからなのだと思う。もちろん、きれい事だけでは済まされない複雑な感情を、長い時間をかけて整理した末ではあった。私の部屋には未だ彼の物が残っていて、それぞれが新しい人生に向かう今、思い出と共に断捨離の真っ最中だ。作業の途中、懐かしく作るのは、きまってイギリス風貧乏キーマカレー。ロンドンに10年暮らした彼から、インスパイアされた料理のひとつだ。安価な鶏ひき肉をナツメグと一緒に丁寧に炒める。刻んだ香味野菜と、冷蔵庫にあるものを組み合わせて作るこのカレーは、味の決め手がリーペリンのウスターソースなので、カレー粉の使用量を抑えることができる。「ものすごくお金がなかった頃、よく食べたよね」。カレー粉すら節約しなければならないほど苦しかったときも、案外豊かに食事をしていたのだなあと思う。最後に加えるヨーグルトは、一晩寝かせなくても食材の味を優しく繋いでくれる名脇役。まるで時間を早回しする装置みたいだ。人の関係も、ヨーグルトみたいに素早く繋がれば手っ取り早いけど、それができてしまったら、かえってつまらないんだろうな。

私は時間をかけて人を知っていくのが好きだ。かたつむりのようなスピードで、少しずつ、少しずつ歩み寄る。そしてある日、分岐点が訪れたら笑顔で手を振って「またね」と言える軽やかな関係。いつかそれぞれが違う道を歩んで成長したときに、縁が戻ってくることもある。フランス語のさよなら —— au revoir《オ・ルヴォワール》 〝ふたたび会うときまで〟そのままに。

倍賞千恵子さんが、料理上手なハワイ在住日系アメリカ人の未亡人・ビーさん役で出演した『ホノカアボーイ』という映画がある。岡田将生さん扮する、自分探しをしにハワイへやってきた若い男の子・レオに恋して、日々美味しい料理をこしらえてはせっせと食べさせる。一見ファンタジックな、ハワイを舞台にした恋物語に見えるあの映画には、自分を見つめながら誰かと出逢い、別れ、そしてまた再会する、人間関係の不滅の営みが優しく描かれている。そのなかに登場する、ビーさんのロールキャベツは、私の作るロールキャベツの原風景だ。合びき肉にナツメグ、ハーブ、そしてビーさんに教わった、ごはんを入れるやり方。こうするとタネがスープを吸って、ふっくらと美味しく仕上がる。作り手の思いはやわらかなキャベツの内側に包まれて、ほんの数十分でこの世から消えていく。私が食べ物をこよなく愛するのは、それが〝消えもの〟だから。押しつけがなく、短命で、けれど食べた人の血肉へと命を変えるものたち。『ホノカアボーイ』に登場する、ハワイの老人たちは、まるで食べ物のようだ。生と死の境目を軽々と越えて行き来する彼らは、循環する命の営みと、さよならじゃない人間関係の本質を教えてくれるのだ。

—イギリス風貧乏キーマカレー
—クロック五十路《いそじ》マダム
—妙齢のロールキャベツ　ビーさんオマージュ

イギリス風貧乏キーマカレー

その昔、クリエイター集団で作られた某カレー部がありました。そこに参加した際、北欧在住歴のある部員が、向こうでは高価な日本のカレー粉をいかに節約するか？　というテーマのカレーを作ったのです。当時、私も貧乏期だったので、日常カレーに応用したというわけ。肉類では最も安価な鶏ひき肉を使って、野菜もスタンダードなものばかり。でも、リーペリンのウスターソースを入れると、なぜかイギリスっぽい味になるのは、べつにカレーで有名なロンドン近郊のインド人街・サウスオールのカレーがこうなんじゃなく、私の勝手なイギリス風の味の幻想。薬臭くて子ども時代は嫌いだったリーペリンも、おとなになってから味の魅力に気づいた調味料。

材料（3〜4人分）

A
- 玉ねぎ … 中1個
- 人参 … 1/2本
- セロリ … 1/2本
- なす … 1本
- しめじ … 1/2株
- 生姜 … ひとかけ（約20g）
- にんにく … 1かけ

鶏ひき肉 … 200g
ドライレーズン … 30g
トマトの水煮 … 1/2缶
市販のカレーフレーク … 120g
茅乃舎野菜だし（コンソメでも可）… 1袋半
白ワイン … 50cc
リーペリンソース（ウスターソースでも可）
… 大さじ3
プレーンヨーグルト … 50cc
水 … 750cc
ローリエ … 1枚
ナツメグ、塩、白胡椒、オリーブオイル
… 各適量
ゆで卵 … 3〜4個（付け合わせ用）

作り方

1
Aはすべてみじん切りにする。

2
鍋にオリーブオイルを入れ、1の玉ねぎ、生姜、にんにくをひとつまみの塩とともによく炒める。鶏ひき肉、ナツメグ、白ワイン、白胡椒を入れてさらに炒める。次に1の人参、セロリを入れて炒め、最後になすとしめじを入れて炒める。

3
水と野菜だし、ローリエを入れて10分ほど煮込んだら、トマトを手でつぶしながら加え、ドライレーズンも入れて、さらに10分ほど煮込む。

4
カレーフレークを加えて煮溶かし、ソースを入れて少し煮込んだら、仕上げにプレーンヨーグルトを加える。

このカレーには相性抜群、バター醤油和えにしても最高

とうもろこしと昆布の炊き込みごはん

材料（3合分）

米 … 3合
水 … 550cc（通常の3合炊きより少し少なめ）
とうもろこし … 1本
昆布 … 15cm角1枚
塩 … 小さじ1
酒 … 大さじ1

作り方

1 米はといで水に浸し、塩、酒を入れて軽くかき混ぜたら、昆布を入れてふやかしておく。
2 とうもろこしを半分に折り、包丁で実を芯からはずす。
3 1の米にとうもろこしの芯を埋め込み、実とふやかした昆布を上にのせて炊く。
4 炊き上がったら芯と昆布を取り出す。昆布を3cm幅に切ってから細かく千切りにして、ごはんに混ぜ込む。

クロック五十路《いそじ》マダム

フランスの庶民的なカフェならどこにでもあるクロックマダムは、ハムサンドの上にベシャメルソースをかけて焼いた、サンドウィッチグラタンです。目玉焼きをのせたものが〝マダム〟、なしが〝ムッシュ〟と呼ばれるのは、目玉焼きが女性のかぶる帽子を連想させるから。パリに通い始めた20代後半、北駅前の木賃宿に逗留していて、1Fのカフェで食べたクロックマダムが原風景。へんてこな常連ムッシュが昼間から酒を呑んでいた庶民的なカフェで、当時はほとんどわからないまま、フランス語に耳を傾けていました。たっぷりベシャメルのご馳走パンは、サラダを添えれば立派な夕食にもなるところも魅力。これを作ると、チーズの焼ける匂いで当時へタイムトリップします。

材料（1人分）

パンドゥカンパーニュ … 1枚
（6枚切り食パン2枚でも可）
ハム … 2枚
自家製ベシャメルソース
… 100g（作り方P146）
生クリーム（牛乳、豆乳でも可）
… 25cc
茅乃舎野菜だし … 小さじ1/4
削ったハードチーズ（コンテ、
グリュイエールなど味の濃いもの）
… 15g（シュレッドチーズでも可）
無塩バター … 大さじ1
卵 … 1個
塩、胡椒 … 各少々

作り方

1
オーブンを200℃に温めておく。

2
ベシャメルソース、塩ひとつまみ、野菜だしを小鍋に入れて弱火でなめらかになるまで温めて、火を止める直前に生クリームを入れてよく混ぜる。

3
オーブンシートを敷いた天板の上に半分に切ったパンの片方を置き、ベシャメルソースの半量を塗り、ハムをのせて、もう片方のパンでサンドする。その上に残りのベシャメルソースをかけて、削ったチーズをのせ、オーブンで15分ほどこんがり色づくまで焼く。

4
目玉焼きを作る。フライパンを温めて、バターを溶かして弱火にし、卵を割り入れる。ふたをせずにそのまま放置して、黄身の部分に白いポツが現れたら、でき上がり。焼き上がったパンの上に目玉焼きをのせる。塩、胡椒をお好みで振って召し上がれ。

妙齢のロールキャベツ

ビーさんオマージュ

ロールキャベツの起源は、1世紀頃、トルコのあたりで生まれた《ドルマ》がヨーロッパへ伝わって進化したもの。日本では、明治時代の本に《ロールキャベーヂ》として紹介されたのが最初だそう。フランスにも《シュー・ファルシ》という名前で存在するけれど、私は断然、日本のやわらかなキャベツで作るロールキャベツがいちばん美味しいと思っています。キャベツを丸ごとゆでる工程はたしかに一手間だけど、フィリングは、ハンバーグの作り方とさほど変わらないし、鍋にきちんと並んだ姿を見るたび、可愛いなあと愛おしくなるのがまたよくて。冷凍保存もできるので、いっぺんにたくさん作るのもオススメ。グラタンアレンジにもできるしね！

材料　(10個分)

キャベツ … 大1個
玉ねぎ … 1個
にんにく … 1かけ
オリーブオイル … 適量

A
合びき肉 … 400g
人参みじん切り … 1/3本分
セージみじん切り
　… 7〜8枚分(あれば)
卵 … 1個
牛乳 … 大さじ2
軽く温めたごはん … 100g
塩 … 小さじ1
ナツメグ … 小さじ1
黒胡椒 … 適量

B
茅乃舎野菜だし … 2袋
キャベツのゆで汁 … 600cc
塩 … 少々
ローリエ … 1〜2枚

サワークリーム … 1ポット

作り方

1
キャベツの芯は根元からぐるりとナイフを差し込んで取り除き、丸ごと入る大きさの鍋に塩小さじ1(分量外)を入れてゆでる。程よく葉がはがれてきたら鍋から取り出し、ざるを逆さまにした上に葉を重ねて置いて冷ます。ゆで汁600ccは後で使うのでとっておく。
＊必要なキャベツの葉は10枚だが、破れや小さい葉のリカバリー用に多めに取り分け、残りはP151の《キャベツの海苔和え》などに使う。

2
玉ねぎ、にんにくはみじん切りにしてオリーブオイルで透きとおるまで炒めて粗熱をとる。

3
ボウルにAと2を入れて、粘りが出るまでよくこねる。

4
3を10等分して、1のキャベツの葉で包む。このとき、キャベツの芯の太い部分を包丁で少しそぐと包みやすく、きれいに仕上がる。包み終わりを下にして、鍋にきっちり並べる。

5
4の鍋にBを入れ、はじめは強火で、沸騰しかけたら弱火にして20分ほど煮込む。

6
器に盛りつけてスープをかけたら、サワークリームを添える。

4章

人として愛し合って生きること

——たまらなくパリが恋しい日——

日本にずっといると、ちょっと苦しくなる。
表と裏のふたつの人格を使い分けなきゃ
うまくやっていけないところとか。

のび太くんがいっつも同じ服でいるみたいに
私も元来自分はひとつでいい。
ひとつのものを長く愛するのも好きで
つまりそれがパリなんだと思う。

苦しくなると、パリに帰りたくなる。
ひとつしかない自分で彼と手を繋いでセーヌ河岸を歩く。

全身に〝生きてる感じ〟がみなぎる、あの街に。

パリ、人として愛し合う自由の街

春先に真っ赤な苺が出回ると、きまって苺のタルティーヌが食べたくなる。縦割りにしたバゲットに、バターをたっぷり塗ってスライスした苺をのせ、グラニュー糖を振るだけのなんてことのない一品。熱いカフェ・クレームを飲みながらこれを食べると、パリの思い出たちが甘い香りをまとってよみがえる。

私がフランス語を学ぶために海を渡ったのは、2002年の秋だった。在パリ1年目の、寒く孤独な冬を乗り越えた春。パリ郊外にある友達のセカンドハウスに泊まった翌朝、彼女の旦那さまが、たくさんのバゲットと木箱に入った苺を抱えてマルシェから戻ってきた。「そんなにたくさんの苺、どうするの？」と聞くと「こんなもの、タルティーヌにして食べたら、あっという間になくなるさ！」と、さっそく彼は、庭に出したテーブルの上でバゲットを縦に切り始めた。その一片にバターを隅々まで塗ると、まな板も使わず器用に苺をナイフと親指でちょんちょん切ってはのせていく。それが終わると今度は、箱入りのグラニュー糖を、直接ザラザラーっと景気よく振りかけた。えっ……苺砂糖パン!?　あ然としている私に向かって「まあ、いいから食べてごらんよ」と、日本人には真似のできない華麗なウィンクをしながらかぶりつくのを見て、私もおそるおそる食べてみると「なにこれ……猛烈に美味しい！」。〝タルティーヌ〟とは、フランスの朝食で食べられるバターやジャムを塗ったパンのこと。それまでジャムはあっても、生のくだものをのせるという発想はひとつもなかった。フランスの苺は日本のものよりも酸味が強く、これがグラニュー糖と絶妙なハーモニーを奏でる。〝水菓子〟という、日本のくだものに対する考え方とは真逆の、くだもの本来が持っている野性味を大切にするフランスならではの食べ方だった。自然豊かな郊外の一軒家。広い庭に愛犬が走り回るその風景は、渡仏したての私には、まるで映画のワンシーンのように胸に刻まれた。そして、彼と彼女の仲むつまじい姿も。

その年の夏、私にも運命の出逢いがあった。グラフィティー（壁にスプレー缶を使って絵を描くアート）のアトリエを、フォトグラファーの友達と一緒に尋ねた。いかついパリジャン揃いの一見怖そうなその集団のなかに、今はフィアンセとなった彼がいた。一目惚れどころか、印象さえあまりなかった。そのジャンルのアーティストとしては、彼はあまりに物静かで、どちらかといえば学者を思わせる雰囲気だった。アーティストに転向する前は、量子力学分野での数学者だったと後で知り、すっかり納得してしまった。もともと絵も描いていた私は、彼らとの出逢いがきっかけとなり、紅《こう》一点のメンバーとして活動を始めた。まだ犬猫レベルのフランス語しか話せず、コアなアート集

団のなかでぽつねんとしていた私を、妹のように面倒を見てくれた彼。心から気を許して頼れる人がいなかった私は、当然、彼に惹《ひ》かれた。それで、パレ・ド・トーキョー（パリ16区にある現代美術館）で開かれていた、ある展覧会に思い切って誘ってみたところ、彼が連れてきたのはおなかの大きなアフリカ系フランス人女性だった。一瞬で恋は終わった。そもそも、それが恋心だったのかすら今となっては怪しい。優しくしてくれる男性なら、誰でも好きになってしまえるほど、当時の私は孤独だった。

それから3年間、私たちは常に親友だった。一緒に絵を描き、フェスティヴァルや展覧会に参加し、仲間たちと遊んだ。そうして、遅れてやってきた青春をパリで謳歌していた矢先、私の日本帰国が決まった。その数日後、彼から思いを打ち明けられた。まさに青天の霹靂《へきれき》だった。彼のことは人として大好きだったが、今や娘のいる彼とそうした関係になるというのは「不倫じゃん！」の一言だった。彼とパートナーは、少し前からうまくいっていなかったのだ。最終的に、私が申し出を受け入れた背景には、当時の私の彼にも、新しい女性の影を見たということもあった。日本にひとり残してきた彼を、まったく非難などできなかった。

友人時代の3年間、私たちはよく一緒にごはんを食べた。気が合うだけでなく、胃袋も合っていたようで、食の好みもぴったりだった。方々でフランス料理を覚えてきては、ときどき彼に振る舞った。じゃがいものガレットは、パリ左岸のビオのマルシェ《ラスパイユ・ビオ》に出る、ガレット専門のスタンドで食べて甚《いた》く感激し、舌から逆算した自己流のレシピで作った。「フランスの伝統的なレシピは知らなくて」と言う私に「ネットにいろんなバージョンがのってるから、調べてみたら?」とアドヴァイスをくれた彼。さっそく見てみると、おおむね合っていた。玉ねぎを飴色手前まで炒めて甘みを出して、生のじゃがいもをふんわりおろしたら、卵の黄身やナツメグを入れる。ただでさえ美味しいフランスのチーズがふんだんに入ったガレットは、焼けばたまらない香ばしさで、白ワインがどんどん進む。

クレーム・ドゥ・ポティロンは、かぶのポタージュが苦手な彼のために、何度も作った冬の定番スープ料理。昔、バスチーユの近くにあったスープ料理の名店《オー・カムロ》のレシピをアレンジしたものだ。フランスのベーコン〝ポワトリーヌ・フュメ〟をかぼちゃと一緒に煮込むことで、えもいわれぬ深い旨みが醸し出される。「あゝ、美味しいなあ」と声を上げる彼を眺めながら、これってフランス女子が味噌汁を上手にこしらえているのと同じかな? と、ちょっとこそばゆい気持ちだった私。いつの間にか、彼の好きなもの、嫌いなものを熟知してしまっていた。そう、彼のパートナーよりも。

帰国の直前に恋仲になった私たちの、超遠距離恋愛が始まった。とはいえ、彼の家庭や子どもの

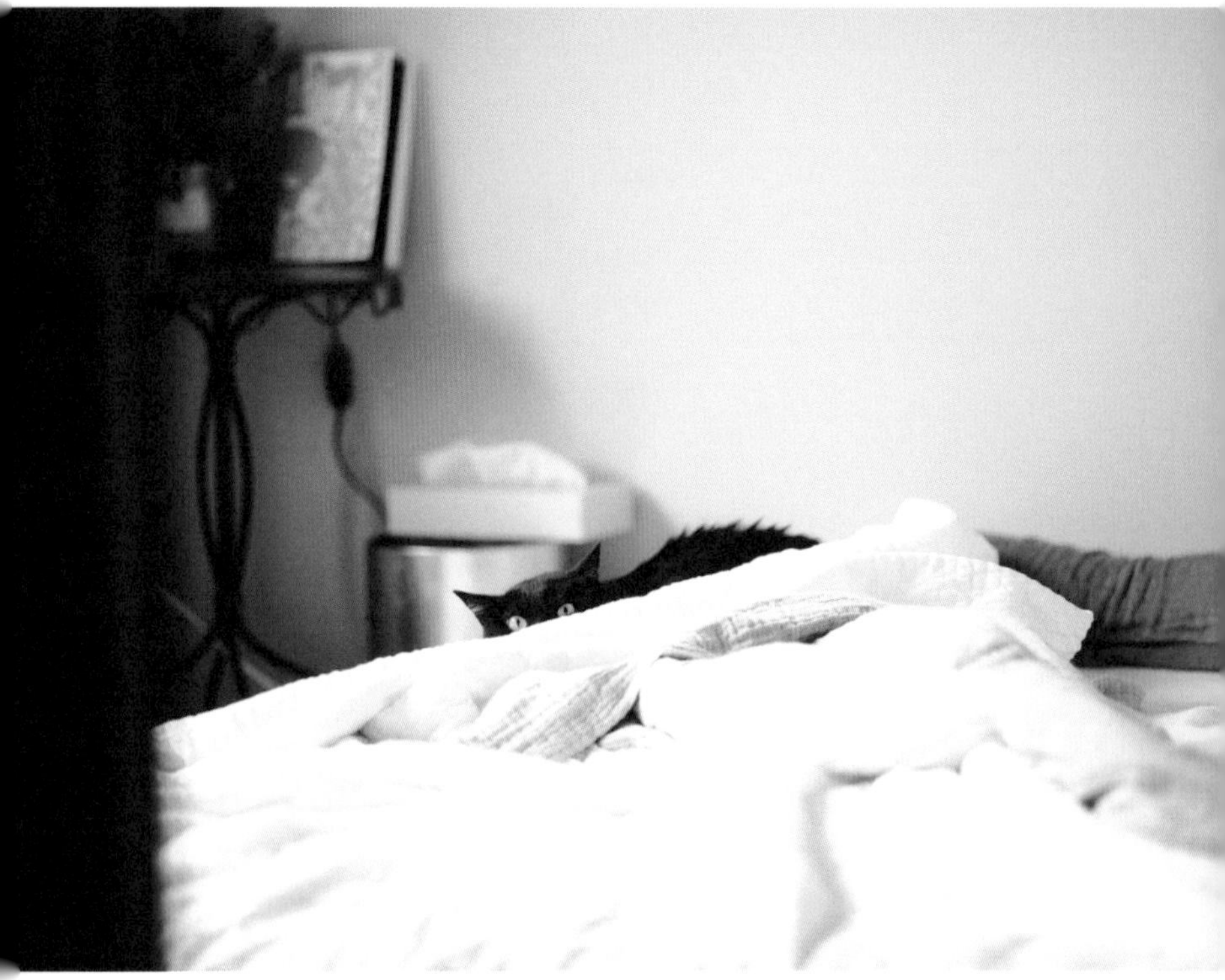

幸せを奪う気など毛頭なく、恋とはいっても、今と比べればその深度も決して深いものではなかったと思う。それからさらに3年後、私たちは一度別れることになる。彼とパートナーの計画的なふたりめの子作りが成功し、もう誰に対しても、私たちの関係は申し訳が立たなくなり、そして同じ頃、彼のお姉さんが、若くして亡くなってしまったことが理由だった。お姉さんには、4人の幼い子どもがいたが、彼女の死にショックを受けた義兄（つまりお姉さんの夫）が、精神不安に陥り入院してしまった。フランスでは、両親ともに子どもを守れない状態になると、司法が介入して、子どもは保護施設へ隔離されてしまう。残された唯一のきょうだいである彼が、甥と姪たちを引き取れば、自分の子どもも含めていきなり6人の父親になる可能性があった。もう恋など二の次の極限状態に立たされた彼の様子をつぶさに見ていた私は、3カ月間泣き通して、思いを断ち切った。そして、泣き続けた日々のなかで、彼は運命の人だと知った。いつの間にか、彼の存在に頼り切って、フランスにおける輪郭がぼやけている自分も見つけた。人生のなかでも数えるほどしかない、まばゆいこの出逢いを無下にしたくはなかった。そうして私が前を向き始めた頃、入院していた義兄が退院し、とある女性と出逢って生きる希望を見出し、子どもたちを無事に引き取ることになった。なんとたくましく、フランス的か！

私たちは結局、何度離れようとしても、自然と元に戻ってしまった。そして最終的には「無理に別れようとするのは疲れるからやめよう」ということになった。お互いを尊重し、土足で相手の内側に踏み込んだり、所有しようとしなかったことが、私たちの愛をここまで育めた理由かもしれない。彼のふたりの娘たちが成長し、以前は難しかった彼自身の第二の人生について、リアルに考えられるようになったとき、告白の日から8年が経っていた。そこからさらに6年が経ったけれど、私たちは決して、ただ時を待っていたわけではない。それぞれの人生を懸命に生きて、楽しんできた。親としての責任を果たせば、あとはひとりの人間として自分の人生を選択するのが当たり前のフランス。子煩悩で溢《あふ》れるような愛情を娘たちに注ぎながら、今彼は、その入り口に立っている。その傍らに、私も。

冒頭の広い庭のある家に暮らしていた友人カップルは、あれから数年後に別れた。旦那さまは同性の恋人と暮らし、友人は親子ほども年の離れた若いパートナーと再び結婚した。愛に対して自由な国・フランス。でも本当は、住む国がどこであれ、人間はいくつになっても、どんな形にも変化しながら、愛し合う自由があると私は思うのだ。

―パリジェンヌ風　苺のタルティーヌ
―クレーム・ドゥ・ポティロン　フランス風かぼちゃのポタージュ
―じゃがいものガレット

SINKO
toyoko-inn
.com
東横イン

APA HOTEL

パリジェンヌ風　苺のタルティーヌ

これほど簡単で、しかも美味しいパン料理ってほかにないと思うんですよね。日本にはフルーツサンド文化がありますけど、生クリームを泡立てたり、美しい断面を目指すと、なかなか手間がかかる。それが、パンにバターを塗って、苺を並べて砂糖をかけるだけでできてしまうのが、このフルーツオープンサンド。タルティーヌとは、〝パンにジャムなどを塗ったもの＝タルティネされたもの〟というフランス語。つまり薄べったいパンにのせたり塗ったりしたものは、すべてタルティーヌと呼ばれます。日本の甘い苺で作るなら、砂糖は少し控えめで、フランスの酸味のある苺にはザラザラーっと。起き抜けの寝ぼけまなこでも作れる、朝食界の女王様。

材料　(1人分)

苺 … 2〜3個
バゲット … 1/3本(6枚切り食パン1枚でも可)
無塩バター … 適量
グラニュー糖(きび砂糖でも可) … 適量

作り方

1
苺はへたを取り、食べやすいように薄切りにする。

2
バゲットを上下に切り分け、バターをたっぷり塗って、1の苺を並べ、グラニュー糖を景気よく振ればでき上がり。

クレーム・ドゥ・ポティロン

フランス風かぼちゃのポタージュ

パリに暮らし始めた頃、野菜のポタージュはいろんなものがあるのに、コーンポタージュがなくてびっくりした私。とうもろこしは、アフリカ系移民がよく食べるもので、生粋《きっすい》のフランス人はそんなに食べないと知ってまたびっくりしたものでした。日本のかぼちゃと違って、水分の多いオレンジ色のおばけかぼちゃで作るフランスのかぼちゃのポタージュは、さらりとしているぶん生クリームをふんだんに入れます。日本の実の詰まったかぼちゃなら、クリーム控えめで、かぼちゃ本来の風味を全面に押し出して……と、国が違えば野菜も違う、を生かして作るのが楽しい。一緒に入れるベーコンは、奮発して上等なものを選ぶと、とびきり美味しく仕上がります。

材料 （3〜4人分）

かぼちゃ
　… 400g（$\frac{1}{4}$個くらい）
玉ねぎ … 1個
にんにく … 1かけ
無塩バター大さじ … $1\frac{1}{2}$
ベーコンブロック
　… 200gくらい
水 … 650cc
茅乃舎野菜だし … 1袋半
塩 … 小さじ$\frac{1}{2}$
ローリエ … 1〜2枚
生クリーム（牛乳または
　豆乳でも可）… 100cc
黒胡椒 … 少々

作り方

1
かぼちゃは皮をむき、適当に切り分けたら、薄切りにする。玉ねぎ、にんにくも薄切りにする。ベーコンは半分に切る。

2
鍋にバターを溶かして塩をひとつまみ（分量外）入れ、1の玉ねぎとにんにくを焦がさないように少し色づくまで炒める。ベーコンを入れて少し炒め、かぼちゃを入れて全体をざっくり混ぜる。

3
水、野菜だし、塩、ローリエを加えて20分ほど煮る。かぼちゃを木べらで押してやわらかく崩れたら、ローリエとベーコンを取り出す。火から下ろして、ハンドミキサーやフードプロセッサーでなめらかになるまで攪拌し、ふたたび弱火にかけて、生クリームを加える。生クリームを入れたら沸騰させないように注意。

4
取り出したベーコンは小さく切り、食べるときに浮かべて黒胡椒を振る。

じゃがいものガレット

ガレットというと、そば粉のクレープをまず思い浮かべる方が多いかもしれません。もちろんあれもガレット、そしてブルターニュ風厚焼きクッキーもガレット。もともと〝galet《ガレ》—丸い小石〟というフランス語から派生した言葉で〝薄く平たく焼いたもの〟をガレットと呼ぶのです。フランスで作るときも、私は日本から持っていったおろし金でじゃがいもを1個ずつ丁寧におろして、ふんわりきめ細かな生地で作るのが好きです。でも時間がないときはフードプロセッサーに長めにかければOK。生地がやわらかいので、ひっくり返すときはフライパンをちょっと斜めに傾けて、シュッと素早く。あればトリュフ塩をパラリとかけて、ちょっと贅沢おめかしバージョンに。

材料 (直径約10cm8枚)

じゃがいも
…400g(中3個くらい)
玉ねぎ…中1個
にんにく…1かけ
オリーブオイル…適量
削ったハードチーズ(コンテ、グリュイエールなど味の濃いもの)…30g(粉チーズでも可)
シュレッドチーズ…50g
A | 卵黄…1個分
牛乳…大さじ2
ナツメグ…小さじ½
塩…小さじ½
薄力粉…大さじ3
バター…15g
(1cm角に切り分けておく)
塩、黒胡椒…少々
ローズマリー…1枝(あれば)

作り方

1
玉ねぎは薄切り、にんにくはみじん切りにして、オリーブオイルと塩ひとつまみ(分量外)とともに中弱火でうっすら色づくまで炒めたら、そのまま冷ましておく。

2
生地を作る。じゃがいもの皮をむき、おろし金もしくはフードプロセッサーでおろし、Aを入れてよく混ぜる。1とチーズを加えて混ぜ合わせ、茶こしなどで薄力粉を振り入れ、さっくり混ぜる。

3
フライパンを中弱火に温めて、切り分けたバター1個を入れ、溶けたら2の生地を軽くお玉1杯分入れ、10cmくらいの円形にする。これを一度に2枚ずつ焼いていく。生地を入れたらふたをして1〜2分焼き、返してふたなしで、こんがりきつね色になるまで焼く。

4
器に盛りつけ、いただくときに好みでローズマリーの葉、塩、黒胡椒を振る。

5章 誰かと一緒を心から楽しむために

―みんなでハレの日―

誘ったのは誰だ？　そう、私だ。
なのに、どうしてプレッシャーを感じているのやら。
そんな人間の矛盾は、たぶん〝ちゃんとやろう〟
と真面目に考えすぎるところからきているんだろうね。

楽しい時間を本末転倒にしないためのコツとは
ちょっと余白を作ること。
〝あれもこれも〟の〝あれ〟だけ削除。

そもそも、圧の高い〝してあげたい気持ち〟って
本当に相手が望むものなの？
それ、私のエゴなだけじゃない？

気負いと書いてエゴと読む

パリに暮らすと、ホームパーティーが本当に多いなと感じる。実際、私がパリにいるときも、しょっちゅう友達がやってきたし、逆に招かれることも多かった。それは、外食が高いパリで、大勢で集まるときにはレストランをほとんど使わない、という習慣的なこともあると思う。ワインにしろ野菜にしろ、マルシェに行けば素晴らしい食材が手に入って、そこまで手の込んだ料理をしなくても、美味しい食事が作れてしまう食料自給率120%の農業大国・フランスの利点もある。

引っ越したばかりの頃、フランス人の友達を招く日は、なんだかとても緊張した。日本文化をしょって立っている気がして、「おお!」と感嘆の声が上がるようなご馳走を並べなくてはいけないと、勝手に気負っていたのだ。そんなある日、パリジェンヌの友達が自宅ディナーに招待してくれた。場所はエッフェル塔の見える瀟洒なアパルトマン。メンバーは一緒に暮らす彼氏と彼女の友達、外国人は私ひとりだった。フランスではスタンダードな、パン屋で手に入る生の生地を使った手作りのピッツアが前菜に振る舞われた。しばらくすると、彼女がうやうやしく片手鍋を持って現れ、「じゃーん！　今日は生まれて初めて洋梨入りのリゾットを作ってみたの」と笑顔でテーブルの中央に置いた。え……鍋そのまま？　と、一瞬固まった私をよそに、ほかの人たちは先ほどピッツアを食べた皿に取り分け、美味しそうに食べ始めたので、私もレードル一杯分だけいただいた。「エミは少食ね。もっといかが？」と勧められたが断った。これは付け合わせで、メインの肉や魚料理がこれから出てくると思い込んでいたのだ。ところがこれでおしまいだった。あとは、私が手土産に持っていったタルトを食べて、ディナーは終了。ピッツアも一切れしか食べていなかった私は、おなかを中途半端にすかせたまま帰路についた。あまりにも簡素なリアルフランスのディナーに衝撃を受けながら。

それから幾度もこうしたディナーに招かれて、その良さがだんだんとわかるようになってきた。前菜には、シンプルなサラダやパテが振る舞われ、その後、手のかからない鍋やオーブン料理が一品、デザートも焼きっぱなしのフルーツタルトなど。そして残ったワインを美味しく飲みながら、チーズが数種類。レストランのヘヴィーな肉料理や重いソースとは違った家庭の軽やかな日常食は、フランスの食材の良さが際立つ真骨頂だなと目からうろこが落ちた。そして、招く人も無理せず楽しんで準備をする。忙しかったら一品減らしてみたり、シャルキュトリーなんかのでき合いお惣菜に変えてみたり。それまでつり目になって必死に料理し、人がやってくる頃には疲れ切って楽しさを忘れてしまっていた自分が、なんだか馬鹿らしくなった。そもそも、好きな人を呼んで楽しむための食事会で、主催者の私に笑顔がなかったら、パーティーを開く意味がない。何品も準備して、料理人に徹して席になかなかつかない……そんなとき、彼が珍しく眉間にシワを寄せて「もういいから、座って」と、言ったのを今でも覚えている。女性を大切にするフランスでは、パートナーにばかり働かせている男性というのは、とても印象が悪いのだ。しまった……！　やってしまった……。こんな経験を重ねて、私は料理を作るプレッシャーをフランスに捨ててきた。

日本にいて料理のジャンルは変われども、私はこの〝気負わないフランス式のココロ〟を忘れないようにしている。揚げ物は、漬け込みだけしておけば短時間で調理できるからパーティーにはもってこい。特に薄切りの豚こま肉を使ったベトナム揚げは、一瞬で揚がるうえに、漬けだれにレモン汁を使うからさっぱりしていて、酸の効果で見た目も白く美しい。付け合わせのパクチーも根っこのまま束で添えるだけ。あとは、お客さま自身がめいめいちぎって食べるに任せたほうが、愉快で見栄えもする。お酒を飲む席で、気になる糖質を抑えたキヌアの共炊きグリエも、すべてを生でセットしておけば、あとはオーブンが勝手に調理してくれるから、席を離れっぱなしにすることもない。

パリに暮らして3年めの頃、お世話になっていたアパルトマンの大家さん一家に、ポト・フーを振る舞ったことがあった。実は、伝統的なレシピはよく知らず、たしかフランスの料理雑誌《エル・

トイレは扉を
すこしあけて
おいてネ

ア・ターブル》に載っていた〃うさぎと豚の甘塩漬け三枚肉のポト・フー〃という、フランス人からしてみれば変わり種のレシピで作った。私的には、日本ではなかなか手に入らない肉類を使えるのが面白かったのだ。ところが、出した瞬間これまた、やってしまった……！　と焦った。大家さんは庭でうさぎを飼っていたのだ。「ごめんなさい。うさぎ飼ってるのをうっかり忘れていて……」と縮こまる私に、奥さんのフロランスが「気にすることないわよ。私たちもうさぎ、食べるわよ。それとこれとは別よ」と、笑いながらあっけらかんと答えた。生きるために他の命を貰い受けることは、自然のなりわいである、というフラットな考え方に小さな感動を覚えた。だからこそ、食事というのは日々の命の弔《とむら》いであり、祝祭であり、感謝して大切に食べなくてはいけないと私は思う。ただ、そこも気負って考えるのではなく、ごく自然体で受け止めながら。「エミ、今度はうちにポト・フーを食べにいらっしゃい。うさぎじゃなくて、鶏や牛を使った伝統的なポト・フーを教えてあげるわよ」。こうしてフロランスから教えてもらったポト・フーは、スープがほとんどなくて、それにもまた衝撃を受けた。日本でポト・フーと呼ばれているものの大半が、スープ料理と勘違いされている。本場のものは各食材から出た旨みが、他の食材と出合い豊かにふくらんで、ふたたび戻された煮込み料理なのだ。こんな思い出とも相まって、私のなかでポト・フーとは、おおらかな命の循環を感じる大切な料理のひとつになった。

料理の気負いについて考えるとき、もうひとつ思い出す。がん治療のため、福島から東京へ出てきた母に、弱った体で料理は大変だろうと、たくさんの料理をこしらえて運んでいた時期があった。もちろん母のことを考えて、純粋にできるだけのことをしてあげたかった。でも、そのときの私は、ここぞとばかりに親孝行な娘を演じることに少し酔っていたのだと思う。たくさんの料理をタッパーに詰めて、母の暮らす柴又のマンションへ届けたとき、なぜか母がすっと立ち上がり、小さな台所で魚の煮付けを作り始めた。それをいそいそと包んで私に渡す母を見て、またもやしまった……！　と思った。母に必要なのは私の料理ではなくて、娘のために料理をする母の役割そのものだった。それを私が奪ってしまっていたことに気づき、なんだかとても申し訳ない気持ちになった。よかれと思ってしていることが、本当に相手が望むことなのか。ただ、自分のしてあげたいエゴを満足させるだけの行為になってはいないか。私は、母の後ろ姿を眺めながら考えた。料理だけではない。贈り物にしろ、助力にしろ、本当に相手が望むことをすっと理解して、過不足なくしてあげられる人になりたいと真摯《しんし》に思った。母は「料理はするだろうけど、こういう魚の煮付けなんてあんまりしないでしょ？」と言った。私は「うん、しないから助かるよ」と答えた。母を母のままにしてあげるための、優しい嘘だった。私はいくつになっても母のなかで、家を出ていった18歳のままだ。そして、母と母の料理を必要とする不出来な娘であることが、なによりの親孝行だった。

人をもてなすハレの日に、自分にそっと問う。気負っていないか？　無理していないか？　なによりも笑顔で楽しめているか？　今日のメニューを書き連ねて、そこから一品、棒線を引いて消す。

この余白は、手料理を持ってきてくれると言っていた友達の心遣いに甘えよう。すっと力を抜いて鼻歌を歌いながら、さあ宴の準備を始めよう。

―いわしの愉快なお葬式　キヌア共炊きローズマリーグリエ
―豚こまのベトナム揚げ
―フランスの家庭式　ほんとのポト・フー

いわしの愉快なお葬式
キヌア共炊きローズマリーグリエ

《星を見上げるパイ》っていう、魚の頭が天に向かって突き刺してある、〝ちょっとそれどうなの料理〟がイギリスにあるんですけど（笑）、最初のアイディアはここからきているかもしれません。ただ、もう少し魚に対してリスペクトした形で、ちゃんと横たわらせて、まわりも茸や野菜で美しく飾ってあげたい。私のなかで〝食事とは命をいただく弔いの儀式であり、食べる我々の祝祭でもある〟という考えがあります。ただこれは、宗教だとかスピリチュアル的なものじゃなくて、日々の営みのなかで感じる、ごく自然なもの。丸ごと食べることが多い日本なら、むしろそれを楽しむことが魚にとってもきっといい。秋なら旬のさんまで作っても美味しいです。

材料（3人分）

いわし…3尾
キヌア…160cc
水…160cc
白ワイン…大さじ2
茅乃舎野菜だし…小さじ2
舞茸…1株
ブロッコリー…小房9個
プチトマト…9個
イタリアンパセリ…3本
削ったグラナパダーノまたは
　パルミジャーノ（なければ
　粉チーズでも可）…100g
パン粉…大さじ2
ローズマリー…4枝
塩、オリーブオイル…各適量

作り方

1
いわしは尾から腹に沿って指で裂いて、内臓を取り除き洗う。

2
キヌアは2〜3回水を換えながらよく洗い、耐熱皿に移して、水と白ワイン、野菜だしを入れ、ざっと混ぜる。

3
舞茸は石づきを切り落とし、小房に分ける。1のいわしの表面とおなかにまんべんなく塩をし、1尾に1枝ずつローズマリーをおなかにはさんで皿の中央に3尾並べる。

4
いわしのまわりにブロッコリーと3の舞茸を交互に並べ、プチトマトを飾る。野菜の上にチーズとパン粉を振りかけ、全体に薄くオリーブオイルをかける。残ったローズマリー1枝を花輪のように丸くして中心に置き、200℃に温めたオーブンで30分ほど焼く。仕上げにイタリアンパセリをまわりに飾る。

豚こまのベトナム揚げ

ベトナム料理は好きだけれど、実は行ったことはありません。でも、パリに暮らしていると、ベトナム移民のリアルな家庭料理が気軽に食べられて、私の舌の想像力を大いにかき立ててくれました。そうして生まれたのが、この料理。特にパーティーで出すとき、薄切りの豚こま肉は一瞬で揚がるので、本当に助かる一品。パクチーの根っこは私にとって宝物に等しく、葉っぱだけ使うときは、根っこをかならずラップに包んで冷凍保存しておきます。それをシュッと水にくぐらせて半解凍し、細かく刻んで漬けだれに加えると、風味がだんぜんよくなります。こいつとビールは、やめられない止まらない危険な組み合わせ。山盛りのパクチーを食みながらどうぞ。

材料 (2人分)

豚こま切れ肉…300g
パクチーの根…2〜3本分
すりおろしにんにく…½かけ分
レモン汁…大さじ2
ナンプラー…大さじ3
きび砂糖…小さじ¾
片栗粉…適量
菜種油(キャノーラ油でも可)…1ℓ
根付きパクチー…1束(付け合わせ用)

作り方

1 大きめのタッパーに刻んだパクチーの根、すりおろしにんにく、レモン汁、ナンプラー、きび砂糖を混ぜて漬けだれを作る。

2 豚こまを1枚ずつ1の漬けだれに浸しながら重ねるように入れて、冷蔵庫で最低15分、できれば1〜2時間漬け込む。

3 2の豚こまを1枚ずつ、両面に片栗粉をざっくりまぶしながら、180℃に熱した油でカラリと揚げる。

フランスの家庭式　ほんとのポト・フー

私だって、○○風料理が多いから、スープみたいなポト・フーだって認めています。でも、たまには本場のものをみんなにも食べてみてほしいな……と思うのは、やっぱりその美味しさを知ってるからなんでしょうね。作るときのポイントはただひとつ。食材と自分を信じること。途中で味が足りないかしら？　と不安になって、コンソメやら塩をむやみに入れるのはご法度。煮込み時間がちゃんと美味しくしてくれるから、とにかくのんびり待ちましょう。鶏にクローブを刺すのは、労《ねぎら》いの気持ちから。ちょっと可愛くしてあげるね……みたいな。なので、玉ねぎに刺してもそのまま投入してもOK。大人数で囲みながら、フレンチマスタードを添えて、心ゆくまで召し上がれ。

材料　(3〜4人分)

A	丸鶏 … 小1羽(約1〜1.2kg)	B	人参 … 2本
	玉ねぎ … 3個		セロリ … 2本
	クローブ … 3個	C	じゃがいも … 3個
	にんにく … 3かけ		かぶ … 3個
	塩 … 大さじ1		フレンチマスタード … 適量(好みで)
	ローリエ … 2枚		

作り方

1
Aの丸鶏にはクローブ3個を刺す。玉ねぎは根元をつけたまま皮をむく。にんにくは皮をむいて、鶏のおなかに入れる。Bのセロリは10㎝くらいの長さに切る。人参は皮をむき、大きければ3分割、中くらいなら2分割してから縦半分に切る。Cのじゃがいも、かぶは皮をむいて、大きければ半分に切る。余裕があれば人参、じゃがいも、かぶは面取りをしておく。

2
1のAとその3/4くらいの水(分量外)を圧力なべに入れ(a)10分加圧、ふたを開けて1のBを入れ(b)、ふたたびふたをして5分加圧する。5分経ったらふたを外して1のCを入れ(c)、弱火でスープがなくなるまでひたすら(3〜4時間)煮込む(d)。じゃがいもとかぶは煮崩れしやすいので、ある程度煮込んだら一度取り出して、最後に合わせてもよい。圧力鍋がない場合は、ほうろう鍋でひたすら(5〜6時間)コトコト煮込みましょう。

3
ここまで煮込むと、鶏のおなかのなかのにんにくと玉ねぎが、とろりとペースト状になるので、それをほろほろの鶏につけていただくと昇天。フレンチマスタードも合います。

c
a
d
b

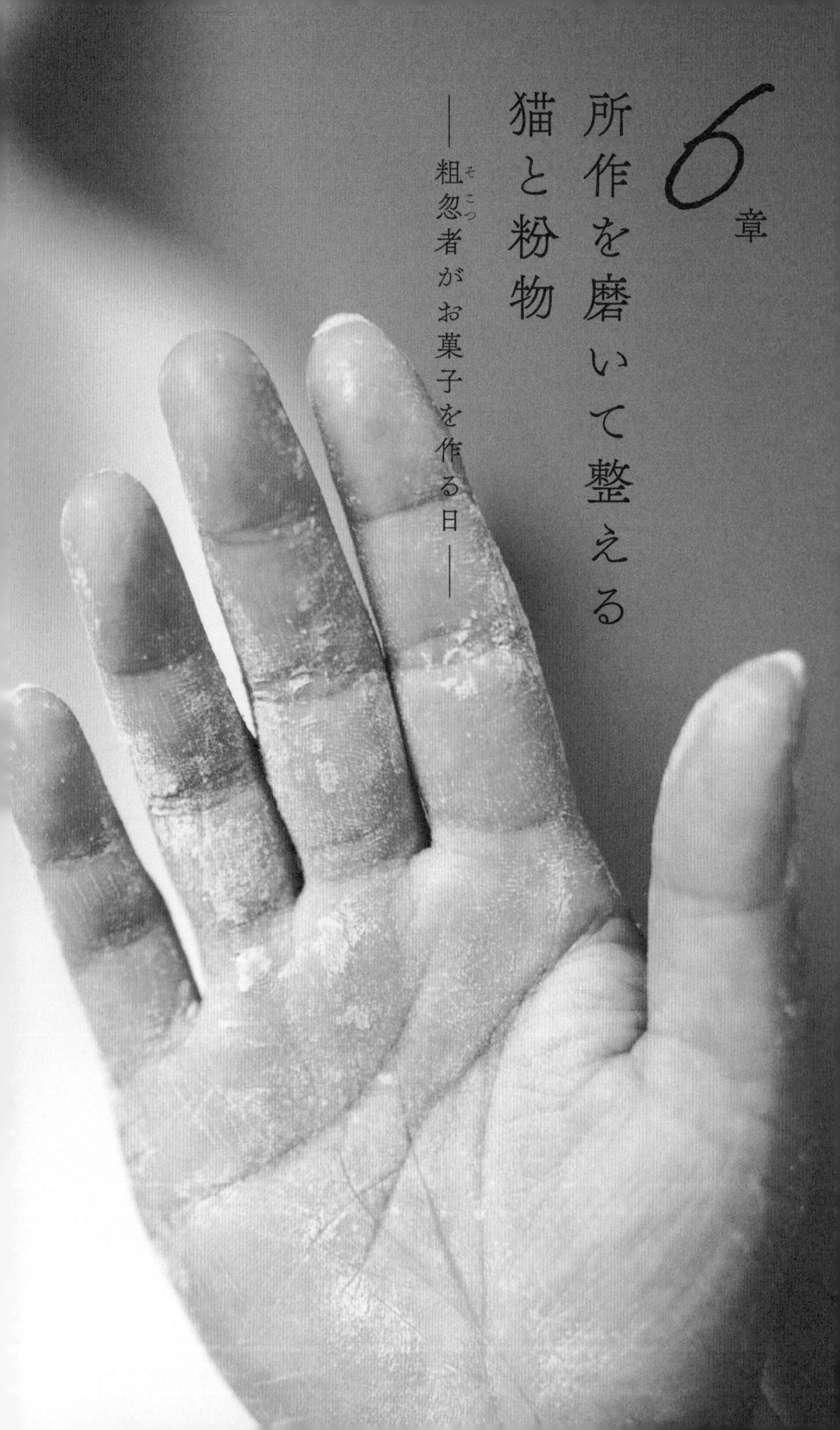

6章

所作を磨いて整える猫と粉物

——粗忽《そこつ》者がお菓子を作る日——

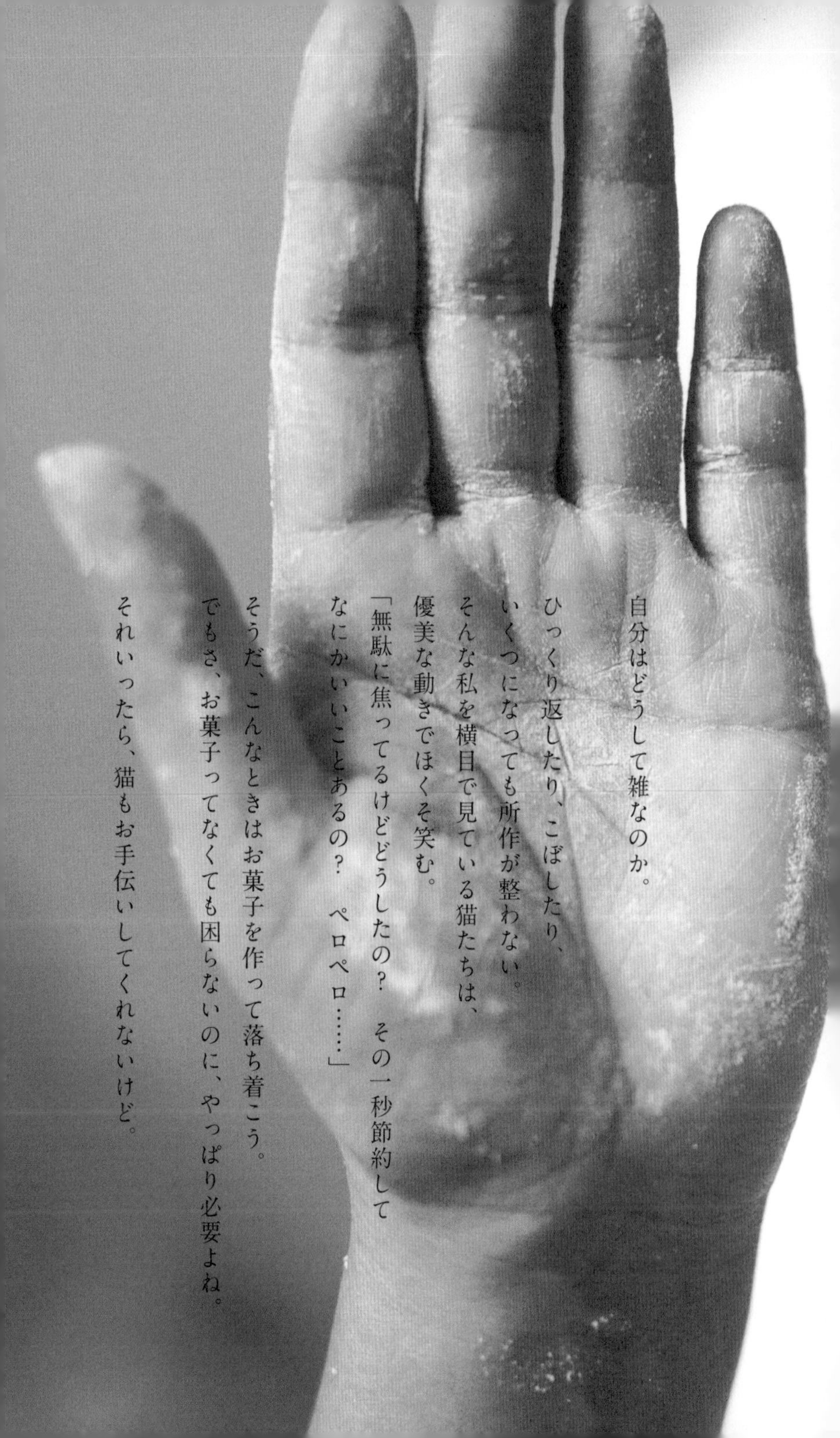

自分はどうして雑なのか。

ひっくり返したり、こぼしたり、
いくつになっても所作が整わない。
そんな私を横目で見ている猫たちは、
優美な動きでほくそ笑む。
「無駄に焦ってるけどどうしたの？　その一秒節約して
なにかいいことあるの？　ペロペロ……」
そうだ、こんなときはお菓子を作って落ち着こう。
でもさ、お菓子ってなくても困らないのに、やっぱり必要よね。
それいったら、猫もお手伝いしてくれないけど。

猫とお菓子と運命と

深夜、キッチンでガタガタと道具を取り出し始めると、我が家の猫たちは互いに目配せをする。

「また始まった……。今夜は何を作るのかな」

「疲れてるんだから、早く寝ればいいのにね」

「でも、あれがママの唯一の気分転換だから、そっとしておきましょう」

三猫たちがキッチンを覗き込むかたわらで、粉を量り、バターを刻み、ボウルの中で丁寧に混ぜ合わせていく。かたまりだったバターが粉と一体になっていく様子を眺めるたびに、混ざりそうにないものが見事に混ざるものだなあと妙に感心してしまう。まるで我が家の猫たちのように。

シュッとした黒猫のピガピンジェリは今年10歳。たてがみがチャームポイントの茶トラ猫ユピテルはひとつ下の9歳。それぞれミュージシャンの友達がポストしたSNSの情報から譲り受けた。

ふたりとも、生後数週間で捨てられた雄の保護猫だ。パリ時代を共にした先代猫ピキが他界し、私の生活が立て直ってきた頃、まずピガを譲り受けた。とてつもなくピキを愛していたし、驚くほど失ったことにショックを受けていた私は、もう二度と猫は飼うまいと思っていた。ところが〝里親募集〟でアップされていたピガの写真を見たとたん「いた！　私の猫が」と稲妻が走った。彼の一風変わった《ピガピンジェリ》という名前は、当時私が構想していた小説に出てくる主人公からとって、つけたものだ。そうして我が家にやってきた仔猫のピガは、あまりに可愛く、枯れていた心にふたたび愛がわき上がるのを感じた。幼猫時代からとても独創的で、ほうっておくと何時間でもひとり遊びをする子だったピガは、生後10カ月ですっかり落ち着いてしまい、すべてを悟りきって写経でも始めてしまうんじゃないかと心配になるほど、仔猫らしさを失った。そこで、もう一匹猫がいたらいいのかもしれない……と思っていた矢先に、ユピとの出逢いがあった。ピガは茶トラの兄弟と一緒に拾われ、ユピは保護されていたお宅の黒猫に面倒を見てもらっていた。このラッキーな偶然のおかげで、ふたりは初対面から、まるで本当の兄弟のように仲よく遊べる好相性だったのだ。二匹の猫と幸せに、自分の理想のひとり暮らしが実現していった。ややもすると、人間の恋人すらも必要ない気がしてしまうくらいに。

2019年の夏、私が週末に《にゃんフラ》のレッスンをしに通っていた新宿二丁目の路上で、のちに長女のイオとなる一匹の雌猫を保護した。道路にタオルが落ちてる……？　と勘違いしたほ

スコーン
はくりき 225g
ベーキング 大 1

ど、その猫は棒切れのようにやせ細り、炎天下のアスファルトに横たわっていた。まるでなにもかも諦念《ていねん》しているかのようだった。口の10㎝先に、誰かがあげたらしき黒豆パンのかけらが転がっていたが、そこにたどり着く気力もなく、脱水症状を起こしていた。放置して立ち去るなどという選択肢はなかった。コンビニへ走っていってタオルを買い、即座にイオを包んで抱き上げた。その瞬間、ハッとした。どうするのよ……私！　折しも母ががんを再発し、終末期を迎えて入院していたその頃は、日々の病院通いと仕事だけで、倒れずにいられるのが不思議なほど体も心もぎりぎりだった。加えて、母の医療費負担もあったものだから、経済的にも余裕などなかった。それでも、まずは命を救うことしか考えられず、あとのことはどうにでもなると開き直った。

レッスンが終わると、心を寄せてくれた数名の生徒と一緒に、家の近所の動物病院へ駆け込んだ。あまりにやせこけて小さかったので、てっきり仔猫だと思い込んでいたその猫は、実はかなり高齢の雌猫だということがわかった。かくして私は、瀕死の老女——ひとりと一匹——を両腕に抱えることになった。動物病院で「この子のお名前どうしましょうか?」と尋ねられ、思わず「イオ……猫沢イオでお願いします」と答えていた。実はこれには奇妙な伏線談があって、イオと出逢う前夜、ベランダに佇んでいたとき、ふと〝次に猫を飼うなら、どんな名前がいいだろう〟という考えが頭をよぎった。自分でもなぜ?　と訝《いぶか》しがった。ピガとユピがいれば幸せなのだから、もう一匹猫を飼うつもりなど毛頭なかったのに。ところが、思考は止まらない。次男のユピは木星模様に似ていることから、ジュピターのギリシャ語読み・ユピテルにしたので、次の猫は木星の第一衛星・イオがいいと思った。調べてみると、ギリシャ神話の主神・ゼウスの元恋人で、牝牛に姿を変えられて諸国を彷徨《さまよ》ったのち、エジプトで人間の姿に戻ることができた女神イーオーが語源だと知った。雌にしかつけられないうえ、こんな過酷な運命を背負わせるわけにはいかないから、この名前は却下……そう思った女神イーオーが、翌日、私の目の前に現れたのだ。その後イオは、新宿二丁目界隈のバーで飼われていた猫で、捨てられてから約1年、路上生活をなんとか耐え忍んでいたということがわかった。リーダーを務める自身のバンドに《スフィンクス》と名前をつけるほど、エジプト考古学好きな私に拾われた、というところも怖いほどの符号だった。

自宅の一室をイオの介護部屋に改造して、昼は母、夜はイオを介護する日々が始まった。ごはんを勧めればよろよろと立ち上がり、必死に食べ、薬も嫌がることなく飲んでくれるイオは、私が自分になにをしようとしてくれているのかを、すぐに理解した。心配したピガとユピの反応も、とても穏やかだった。怯えて小さな威嚇を繰り返すイオのゲージへ、毎日ふたりはめげずにお見舞いに通った。特に甘えん坊でやきもちやきのユピが、上手に少しずつ距離を縮めていく姿は、まったくの予想外。これまで私のなかに根強くあった〝うちの家族構成はこれで完成〟という凝り固まった発想がいっぺんに吹き飛んだ。イオの出現により、男子ふたりの優しさは最大限に引き出され、私たちの生活は新しい活気に包まれた。

イオの回復に反比例して、母の病状は悪化の一途をたどった。やるせなくて眠れない夜、私はよくお菓子を作った。生きていくために必要とはいえないお菓子を作ることは、心の安寧にほかならなかった。小麦粉をこねていると、そのやわらかな手触りが猫とよく似ているなあとしみじみ思う。心が荒れれば、繊細な生地は雑な動きを読み取って、とたんに仕上がりは不出来になる。そんなところも、猫の扱いと似ているのだ。大きな声や、雑な動きを嫌う彼らと暮らしていると、そのエレガントで上品な佇まいを、こちらが教えられる。猫が嫌がる所作は、おのずと私自身にもいらないものなのだ。しんと静まりかえる深夜のキッチンで、三猫が好む静かで気持ちのいい音楽をかける。猫たちに接するときの優しい気持ちを思い出して生地に触れること自体が、自分のほころびを繕《つくろ》うなによりの時間になっていた。

手の込んだ難しいお菓子を作る時間はないから、できるだけ簡単で応用の利くレシピを考えた。ショートブレッドは、生地を合わせて型取りしてから一晩寝かせて焼いておけば、チーズケーキの土台やパルフェにも使えて便利。お気に入りの缶に保存しておけば、自家製ならではの新鮮なバターの香りが、ふたをあけるたびに立ち上ってうっとりする。チェリーパイの生地は、フィリングを替えるだけで、甘辛両方にアレンジが利く。チーズをふんだんに使ったツーウェイビスキュイは、その名のとおり、コーヒーにもワインのおつまみにもよく合うので、一種作っておけばいろいろな

シーンで活躍する。そして、スコーン。これを作るとなぜか停滞していることがすこーんと突き抜けるのは、単なる駄洒落じゃなくて、深夜の〝整え〟が、私の行動そのものを変えるからだと思う。

イオが現れてひと月半後、母は天国へ召された。あの苦境を越えられたのは、母と同じ重さで、イオが私のもう片方の腕に抱かれてバランスをとってくれていたからだ。どうあがいても救えない母の命の傍らで、イオは回復し、沈みかけていた私の魂を救った。拾われたのは、私のほうだったのだ。その後彼女は糖尿病を患ったけれど、猫としてはとても稀な寛解も果たした。イオは出逢いの前夜、最後の力を振り絞って命のレスキューを発信したのだろう。それをキャッチしたのが私だった。でも、それは偶然なんかじゃなく、運命という言葉を使うにふさわしい、人生でも数えるほどしかない、強い呼び合いだったのだと思う。あのとき抱き上げなかったら、もうこの世にいなかったかもしれない命が、今日も陽の当たるリビングで伸び伸びと眠っている。訪れた変化を受け入れたからこそ生まれた、新しい家族の絆に包まれて。

―フロマージュのツーウェイビスキュイ
―すこーん！　と抜ける　開運ブリティッシュスコーン
―ねこしきショートブレッド
―地獄のチェリーパイ

フロマージュのツーウェイビスキュイ

子どもの頃からチーズの入ったクッキーやパイ菓子が大好きで、お酒のアテ圏内のそれらを、おとなの目を盗んでちょいちょいつまんでおりました。その子がおとなになって、誰はばかることなく、思う存分食べたい願望を叶えるべく生まれたレシピがこちらです。しかも、コーヒー用とワイン用に分けて作るのは面倒だから、一粒で二度美味しい、どちらもよく合うビスキュイとして。絞り袋は、生クリームのオマケについているビニールでは口金がすぐに外れるので、製菓用のものを。黒胡椒にヴァニラオイル？　と不思議に思われるかもしれませんが、このマリアージュは、あっと驚く好相性なんです。ハンバーグの定番スパイス・ナツメグもいい仕事してます。

材料（作りやすい量）

薄力粉…180g
無塩バター…120g
塩小さじ…1/2
きび砂糖…35g
卵…1個
ナツメグ…小さじ1/2
黒胡椒…小さじ1/2
ヴァニラオイル…数滴
削ったハードチーズ
（コンテ、グリュイエールなど味の濃いもの）…50g

作り方

1
バターと卵は冷蔵庫から出しておく。ハードチーズは目の細かいおろし器でおろし、使う直前まで冷蔵庫に入れておく。薄力粉はふるっておく。

2
ボウルに1のバターと塩を入れ、泡立て器でクリーム状になるまで混ぜたら、きび砂糖を入れてよく混ぜる。卵を溶いて2〜3回に分けながらよく混ぜ込んだら、ナツメグ、黒胡椒、ヴァニラオイルを入れてふたたびよく混ぜる。木べらに替えてチーズを混ぜ、1のふるった薄力粉を2〜3回に分けてさっくりと混ぜる。

3
天板にオーブンシートを敷き、花型8号の口金をつけた絞り袋に2の生地を入れ、長さ6cmのバトン状に絞り出す。160℃に温めたオーブン中段の下で12〜13分焼き、キッチンペーパーを敷いたかごなどに移して粗熱をとる。

DU PAYS CATALAN
TOURRONS
PERPIGNAN

すこーん！と抜ける 開運ブリティッシュスコーン

なぜかこれを作ると、滞っていた問題が解決したり、気分がすこーん！と抜けるから不思議。スコーンに欠かせないクロテッドクリームは、温めると固まる性質があり、手で容器を握って温めながらスプーンでかき混ぜてお好みの固さになったらストップ。スコーン作りの成功を告げる、真ん中の割れめは〝狼の口〟と呼ばれているんですって。もちろん、焼く過程で自然に入るもので、あらかじめ切り込みを入れたりはしません。冷蔵保存、半分に割って冷凍保存もできるので、急なお客さまのお茶うけにも大活躍。春先なら、苺をのせて砂糖……の苺のタルティーヌ・スコーンバージョンもよく作ります。ほかの粉物菓子とは違い、焼きたてが断然美味しい。

材料 （直径6cmの丸い抜き型9個分）

薄力粉 … 225g
ベーキングパウダー … 大さじ1
塩 … 小さじ1/4
無塩バター … 50g
（1cm角に切り分けて冷やしておく）
卵 … 1個
牛乳 … 大さじ5
強力粉 … 少々（打ち粉用）
卵黄 … 1個分（艶出し用）
水 … 少々
クロテッドクリーム … 適量
お好みのジャムや果物

作り方

1
ボウルにふるった薄力粉とベーキングパウダー、バターと塩を入れ、はじめは両手の指先を使ってバターをつぶすように粉と混ぜていく。だんだん粉が黄色っぽくなって全体にぽろぽろしてきたら、両手をこすり合わせるようにしてさらに混ぜる。

2
中央を少しくぼませて、溶いた卵、牛乳を入れて、全体に水分が行きわたるまでざっと混ぜたら、ボウルを回転させながら手の付け根を使って手前から奥へ押すようにして練る。これをなめらかになるまで繰り返す。

3
打ち粉をした台の上に、2の生地をひとまとめにのせて、打ち粉をしためん棒で1cmくらいの厚みにのばして型で抜く。残った生地はひとまとめにして軽く練り直し、のばして型で抜く、を繰り返す。

4
天板の上にオーブンシートを敷き、抜いた生地を並べる。溶いた黄身を水でしめらせたはけで、生地のトップにまんべんなく塗り、220℃に温めたオーブンで8分焼く。クロテッドクリームとジャムを添えて召し上がれ。

ねこしきショートブレッド

ショートブレッドのかっちりした生地感は寝かせ時間がモノをいうので、できれば二晩寝かせるとなおよしです。セルクル型がない場合は、ビニール袋などにぎゅうっと生地を詰め込み、寝かせたのちに四角く切り分けてピケしてもOK。私はこの丸型のクラシックな形が好きで、チーズケーキにも使いまわせるセルクル型を買いました。焼き上がったら、天板にのせたまま5分粗熱をとって、まだ生地がやわらかいうちに切り分けると、断面が美しい仕上がりに。お手持ちの缶に入れて一晩寝かせてからが、味と香りの真骨頂。そのまま食べるもよし、砕いてチーズケーキの底に敷いたり、パルフェのクランブルとして、あるとアレンジの幅が広がる、私の定番常備菓子。

材料　(15㎝のセルクル型1台分)

薄力粉…115g
米粉…50g
無塩バター…115g
塩…小さじ1/4
グラニュー糖(きび砂糖でも可)…50g

作り方

1
ボウルに常温に戻した(またはレンジで30秒加熱)バターと塩を入れ、泡立て器でクリーム状にして、グラニュー糖を2〜3回に分けて入れ、白っぽくなるまでよくすり混ぜる。

2
薄力粉と米粉を合わせて1のボウルにふるい入れ、木べらで切るようにしながらしっかりと混ぜ合わせて生地を作る。生地を木べらで一気にすくってボウルの底に叩きつける、を2〜3回繰り返し、空気を抜く。

3
天板またはケーキ型の底板を利用してオーブンシートを敷き、セルクル型を置いて、2の生地を入れ、指先で押すように底へしっかり敷き詰める。ふちはアイスクリームスプーンなどで押しつける(写真a)。

4
セルクル型を抜いて、箸などを使い、側面に波形の模様をつける(写真b)。面倒ならそのままでもOK。フォークの先でちょんちょんとシマシマ模様をつけても面白い。軽くラップをして最低一晩冷蔵庫で寝かせる。

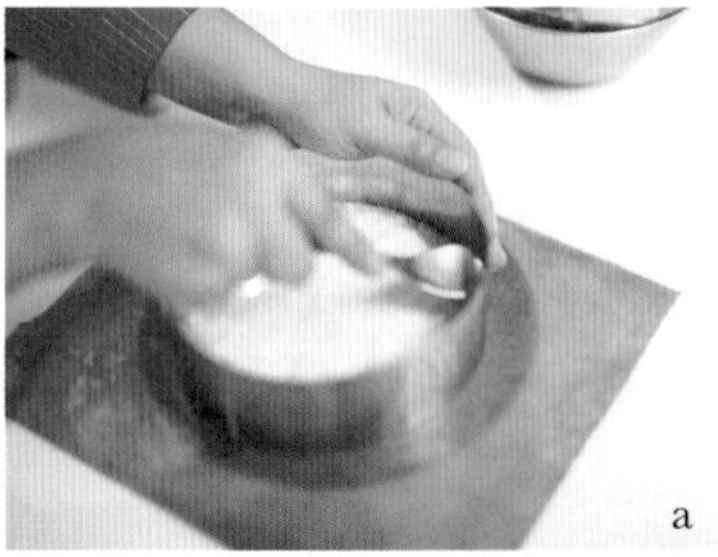
a

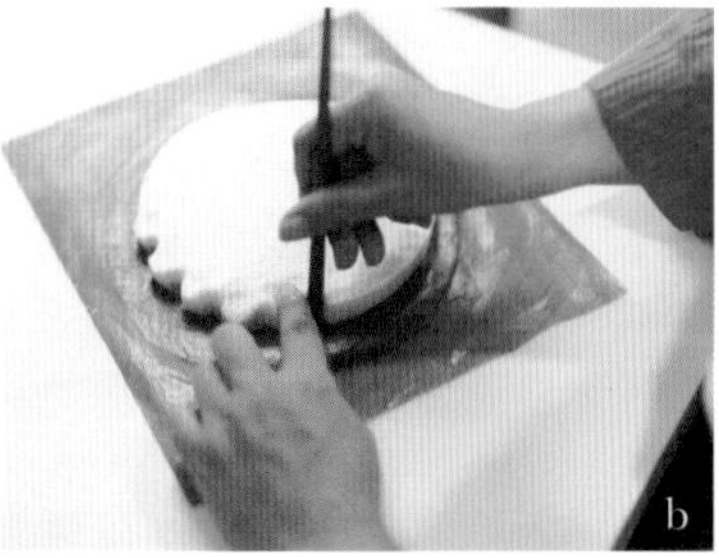
b

―― 一晩経過 ――

5
冷蔵庫から取り出した生地の表面に、包丁で浅く8等分の切り込みマークを入れる。箸や竹串で、1片につき3カ所を生地の下までしっかりと刺して穴をあける(ピケ)。

6
150℃に温めたオーブンで40分ほど焼く。焼き上がったら天板にのせたまま5分放置し、まだ生地がやわらかいうちに切り分け、ふたたび粗熱をとって、缶などに移して保存する。

地獄のチェリーパイ

もとはといえば、デヴィット・リンチ監督の『ツインピークス』に出てくるチェリーパイ食べたさに作り始めたもの。日本ではチェリーパイをあまり売っていないという背景もありまして。どんなに手を尽くしても、焼く途中に多少フィリングが噴火するところから〝地獄の〟と名がつきました。日本のジャムでは珍しい、砂糖不使用・フルーツ100%のサワーチェリージャムを使うと、フィリングが簡単に作れます。生地は、酢（白ワインヴィネガーやりんご酢がオススメ）を振り入れて作る、アメリカのローカルなレシピです。この生地さえあれば、アップルパイやチキンパイなど甘辛両方イケる優れもの。練らない、寝かさない、二度焼きいらずの使える生活実用生地です。

材料 （21cmの底が抜けるタルト型1台分）

《生地》
薄力粉…250g
無塩バター…50g
塩…小さじ1/4
牛乳…大さじ6
酢…大さじ1

《フィリング》
信州須藤農園100%フルーツシリーズ
「サワーチェリージャム」…430g1瓶
レモン汁…大さじ1
キルシュ…大さじ1（なくても可）
片栗粉…大さじ1
水…大さじ1

《その他》
卵黄…1個分（艶出し用）
強力粉…適量（打ち粉用）

作り方

1
オーブンを200℃に温めておく。型がテフロン加工でない場合は、バター（分量外）を塗って強力粉（分量外）をはたいておく。バターは小さな角切りにして、使う直前まで冷蔵庫で冷やしておく。

2
フィリングを作る。サワーチェリージャムをボウルにあけて、レモン汁、キルシュを入れてよく混ぜる。片栗粉を水で溶いて入れ、さらによく混ぜる。

3
生地を作る。ボウルにバターと塩、ふるった薄力粉を入れ、はじめは両手の指先を使ってバターをつぶすように粉と混ぜていく。だんだん粉が黄色っぽくなって全体にぽろぽろしてきたら、両手をこすり合わせるようにしてさらに混ぜる。

4
中央を少しくぼませて、牛乳と酢を加え、はじめは箸2本でぐるぐるかき混ぜて、あらかたまとまったら、手の付け根で押すように軽くこねる。全体に水分が行きわたればOK。生地の2/3を切り分けて、残りはラップをかけておく。

5
切り分けた2/3の生地を、打ち粉をした台にのせ、打ち粉をしためん棒で生地を型よりも5cmほど大きな円形にのばす。型に生地を敷き込み、あまった生地は切り取って、4の切り分けておいた生地と軽くこね合わせておく。

6
2のフィリングを5に流し込み、残りのこね合わせておいた生地をのばして、めん棒を定規がわりに当てながら1cm幅のリボン状に切り、敷き込んだ生地のふちを少し水でしめらせてから、縦横にのせていく。このとき、リボン状の生地を引っ張りすぎると切れたり、型側の生地が歪むので、あくまでもそっとのせる。型側の生地と上にのせた生地のつなぎめをしっかりとつけること。あまった生地は切り落とす。

7
溶いた黄身を、水でしめらせたはけで生地の縦、横、ふちに塗る。200℃のオーブンで30分焼く。焼き上がったら型のまま粗熱をとって、完全にさめる前に型から抜き、冷蔵庫で2〜3時間休ませて中のフィリングを固める。

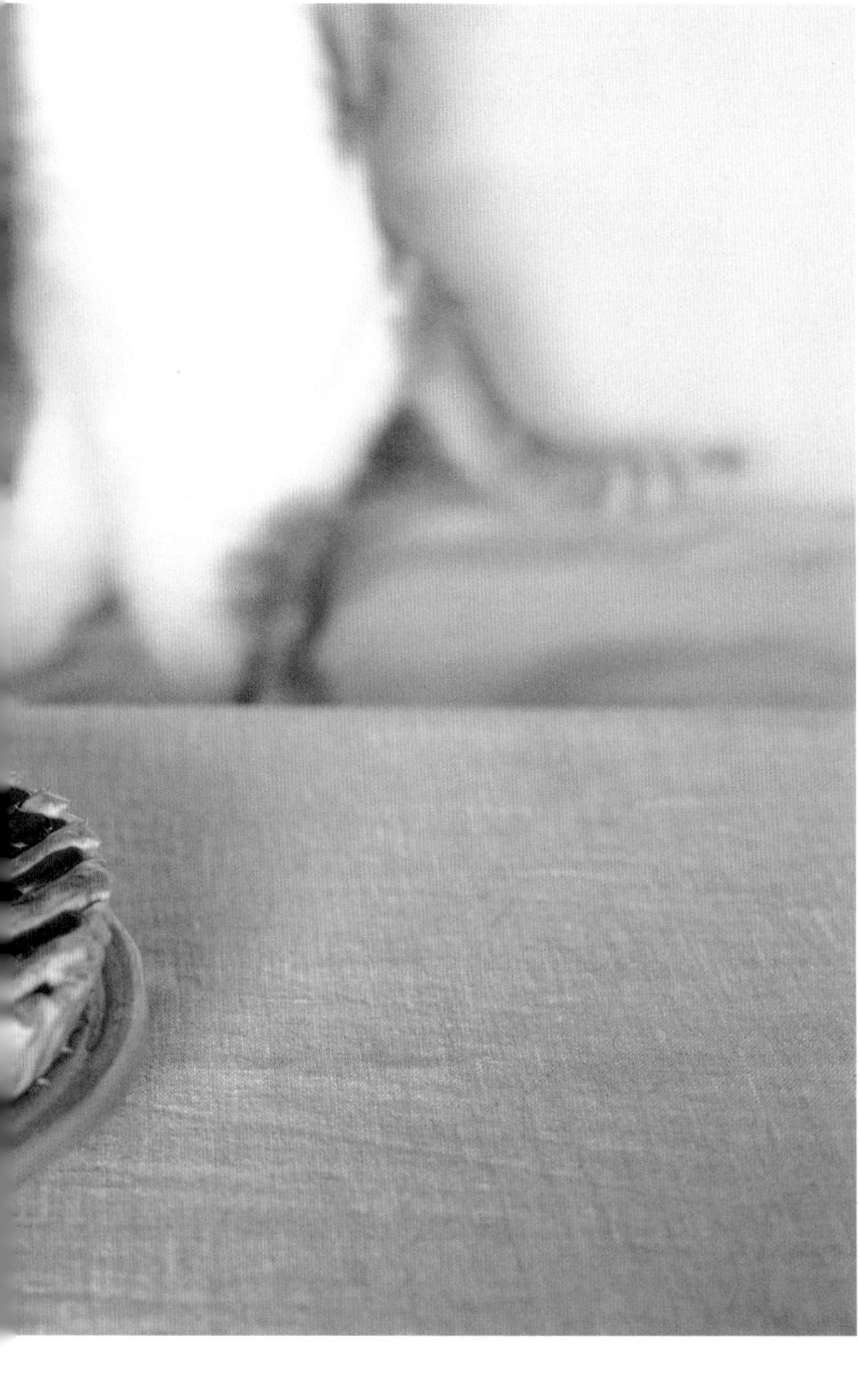

そして 女神イーオーとの出逢い

がはじまったのである。

猫沢組の契り

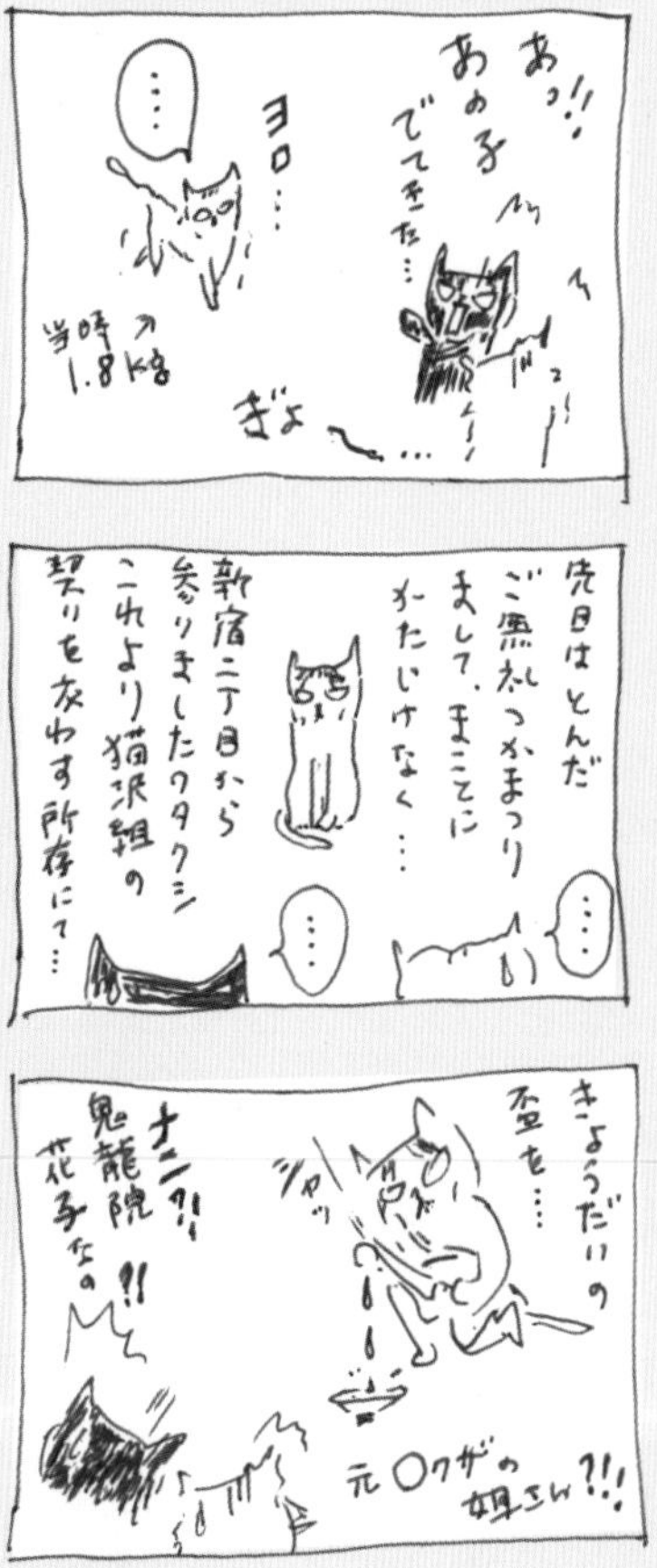

炭と油揚げ

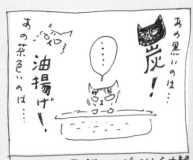

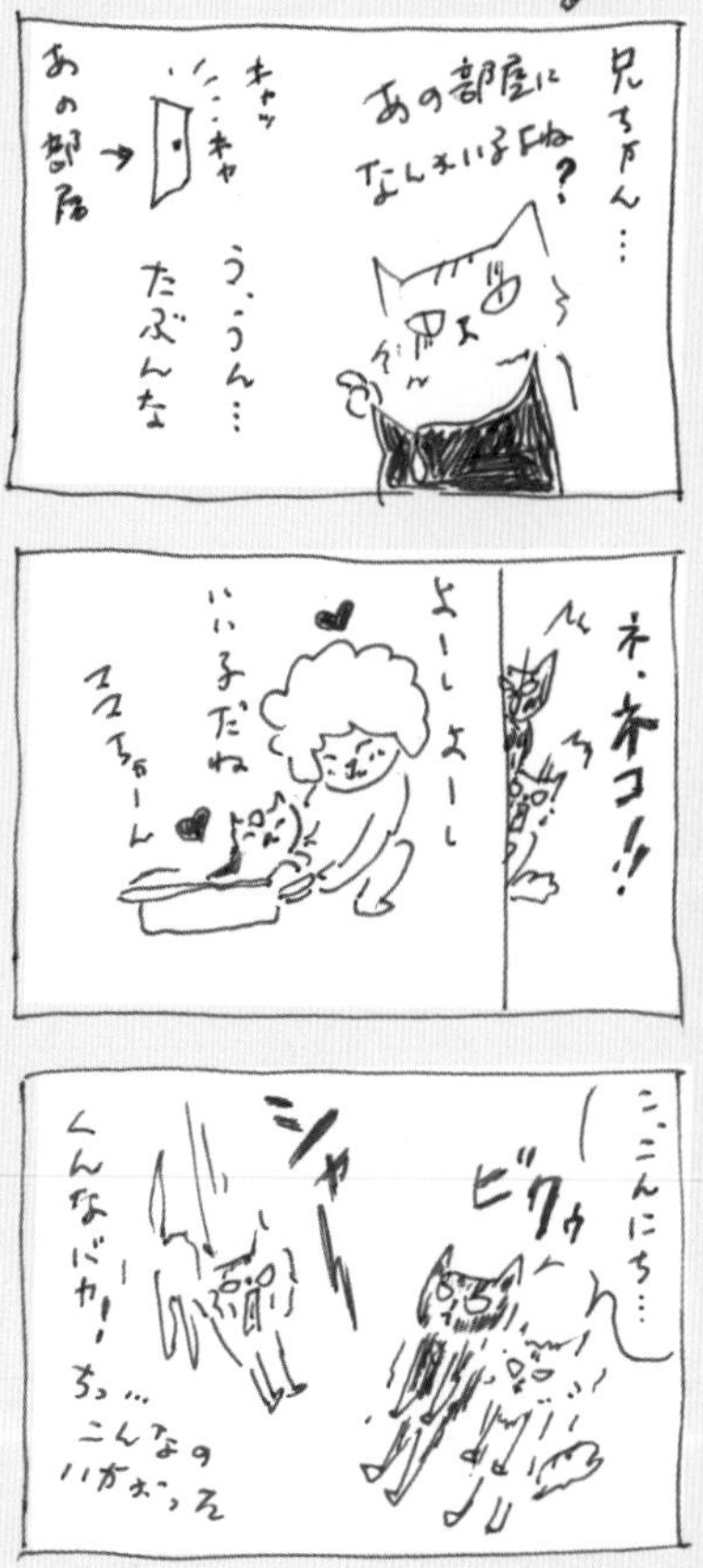

スーちゃん、アブちゃんと呼ばれる由縁

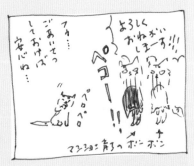

そして 母の余命

お母さんの余命は…
第1号 トトロ
第2号 インド人
母の主治医
あとひと月です…
ガシャーン!
どんぐり
カレー
母が亡くなった。
天国からおもしろメール
送るから～
が辞世の句だった。
ホントに送ってきそう…
夜…
告知なんて必要ないよ…
お母さん、きっとわかってるよ
母の主治医
どうしたらよいの…
葬儀後の数日間…
記憶なし。
アセアセ
もぅちゃんと泣いて!
ううう…
イオちゃん!!!
ゲボー
チン…
体が弱っててしょっちゅう吐く
しかしイオちゃんは
母の命をもらいうけたかのように
元気になっていった。
ママちゃんありがとう
忘れられない
どん底の夜だった
ところが……
おかしい!!
らりほ～
ペンペン
体にそぐわない量の
う○こ !!!

糖尿病と寛解。
イオちゃんは糖尿病です。
イオの主治医
園田先生
なんと!!
ニャンと!!
心を鬼にして毎日インスリンを打つ!!
スナイパー
そのたび般若!!
しかし…その甲斐あってだんだんう○こもごはんの量も正常になっていった。
イエ〜♪
ごはん
2020年5月18日
イオちゃん、糖尿病が奇跡の寛解!!
パチパチ
おめでと〜!!
猫ではとても稀なんだそう
幸せよ、永遠に…
スーちゃんは哲学的でいつもイオに優しいの
ソクラテスってね…
なに言ってるのかよくわからないけど…
アブちゃんは…ズバリ!
ワタシのタイプ
ハイ
へなちょこだけどカワイイの
いろんなことがあったわ…でも
あきらめなくてよかった……!
だから
今がある
ニャハハ…
アハハ…
Happy forever..

7章

人生後半をよりよく生きる

―明日の自分を助ける手仕事―

私はときどき想像する。

もしも毎日

猫たちを撫でくりまわしているだけで
暮らせたら、どんなにいいだろう、と。
でも、もしも毎日
猫たちを撫でくりまわすだけの人になったら
きっと私は
つまらない人になるだろうと。

そして、もしも毎日
猫を撫でくりまわすだけの
つまらない人になったら
そのつまらない人と暮らしている猫たちも
つまらない猫になってしまうだろうと。

あゝ、おなかが空いた！　なにか食べよう。

そして私は、今日も台所に立つ。

メメント盛り、そしてこれからの人生

私は50歳になった。子どもの頃に想像した〝50歳〟は、もっとおばあちゃんで、見た目も老けていて、人生も終盤なイメージだった。私が生まれたとき、祖母がまだ49歳だったというのもあって、よけい〝50歳〟はおばあちゃんのイメージへと駆り立てられた。青春期に持っていた〝50歳〟のイメージは、より具体的に悲壮感を帯び、想像できない(したくない)、もしくはもう死んでいる、のどちらかだった。けれども実際に50歳になってみると、「あれ? 案外ちゃんと生きてた」「こんなものか」という拍子抜けと、「まだぜんぜん若いじゃないの」「でもやっぱり体は衰えるよな」が、ないまぜだった。ただ、葛藤という激しいものではなくて、すっと凪の海に停泊している船のような、現実がきちんと見えたうえでの穏やかな気持ちで。

50歳を迎える前に両親ともに見送ってしまった私は、50という数字よりも、人生の先達を務めてくれていた親が亡くなったときのほうがずっと、衝撃だった。長女の私は、残されたきょうだいのなかで一番の年上ということもあり、父母がいなくなった途端「次は私だ」という、あらがえないメメント・モリと向き合うことになったのだ。memento mori《メメント・モリ》―ラテン語で〝死を想え〟、つまり誰しもに死は当たり前のように訪れる、という警句だ。両親は死の前に立ちはだかり、私たち子どもを死の影からブロックしてくれていたのだ。その壁がなくなったとき、自分の死生観について、そしてこれからの人生について、考えざるを得なくなった。若い頃のように宵越しの金を持たず、出逢う人は片っ端から知り合い、交流し、傷つき、立ち直る……という時間はもうない。これまでの人生で作ってきた自分なりの指針や哲学に合った人を選び、時間を大切に使って、残りの人生を気持ちよく有意義に生きていきたいとあらためて思うようになった。それは、私の細胞ひとつひとつからの呼び声だ。哀しいことなんかじゃなく、とても当たり前の自然の摂理として、私にはもう、残された時間がそれほど多くはない。

だからこそ〝50歳〟は、とても大切な人生のターニングポイントだ。39歳から40歳になったときのことを思い返してみる。さらに前を振り返ればまだ20代で、これから40代を生きる自分には、メメントを盛る必要はなかった。ところが、49歳から50歳になった瞬間、先を見れば60歳そして70歳と、老年期はすぐ目の前なのだった。若い頃のようにその日暮らしもできなくなるし、ある程度先を見据えた準備も必要になる。料理の側面でもそれは表れて、常備菜や作り置きなど興味がなかったのに、いつも冷蔵庫にすぐに使えるあれこれを、自分なりに工夫して置くようになった。体の管理に無頓着だったゆえ、70代前半という若さで逝った両親の反面教師もあった。自分が病気になって苦しむのは勝手だが、まわりの人への影響や気苦労にも責任を持たねばならない。その思いは、大病を経験して歳を重ねるたびに強くなった。自分を大切に思ってくれている人たちを哀しませることは、おとなのすることじゃないのだ。

フランス人の彼と、一緒に生きていこうという話が出たのは、私が46歳、ひとつ年上の彼が47歳のときだった。40代後半に入った私たちは、迫り来る〝50歳〟を感じ始めていた。ここまで互いが互いの国で、それぞれの責任を全うして、そろそろ自分たちだけの人生について考えようと思い始めたのがきっかけだった。残りの人生を日本で生きるか、それともフランスかと考えたその時点で、日本へ帰国してから約10年経っていた私には、もう答えが出ていた。きちんと10年間、日本と向き合ったからこそ出た答え。私は彼と残りの人生をフランスで生きていく。そう決めた矢先、両親がほぼ同時期に末期がんであることがわかった。そもそも私がフランスに行ってしまったら、残された両親の老後の面倒をふたりの弟たちに任せねばならないのか、という漠然とした不安があった。それがある日突然、両親の終末を見送る戦場へ送り込まれることになったのだ。とても日本から離れられる状況ではないそんな折、彼のほうが日本へ来てくれた。そしてその数日後、父は実家の福島で、母ひとりだけに見守られて旅立ったのだ。父の訃報を母からの電話で受けたとき、いつもなら遠く離れたフランスにいる彼が、目の前にいた。私の表情を読み取った彼が、電話を切ったとたんに強く私を抱きしめた。家族を失う哀しみを、その瞬間に共有できたことは、日本人である私の

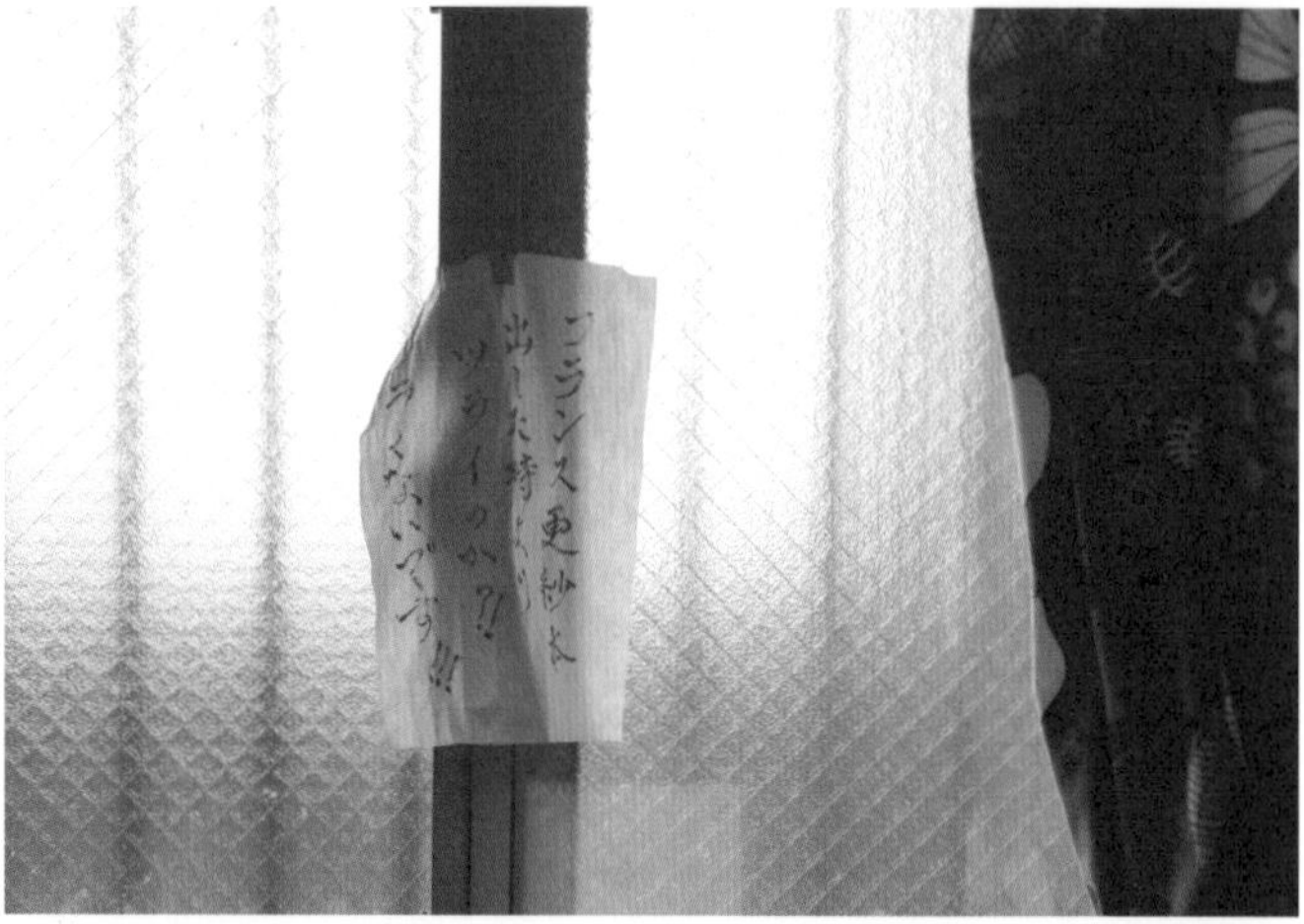
フランス更紗を

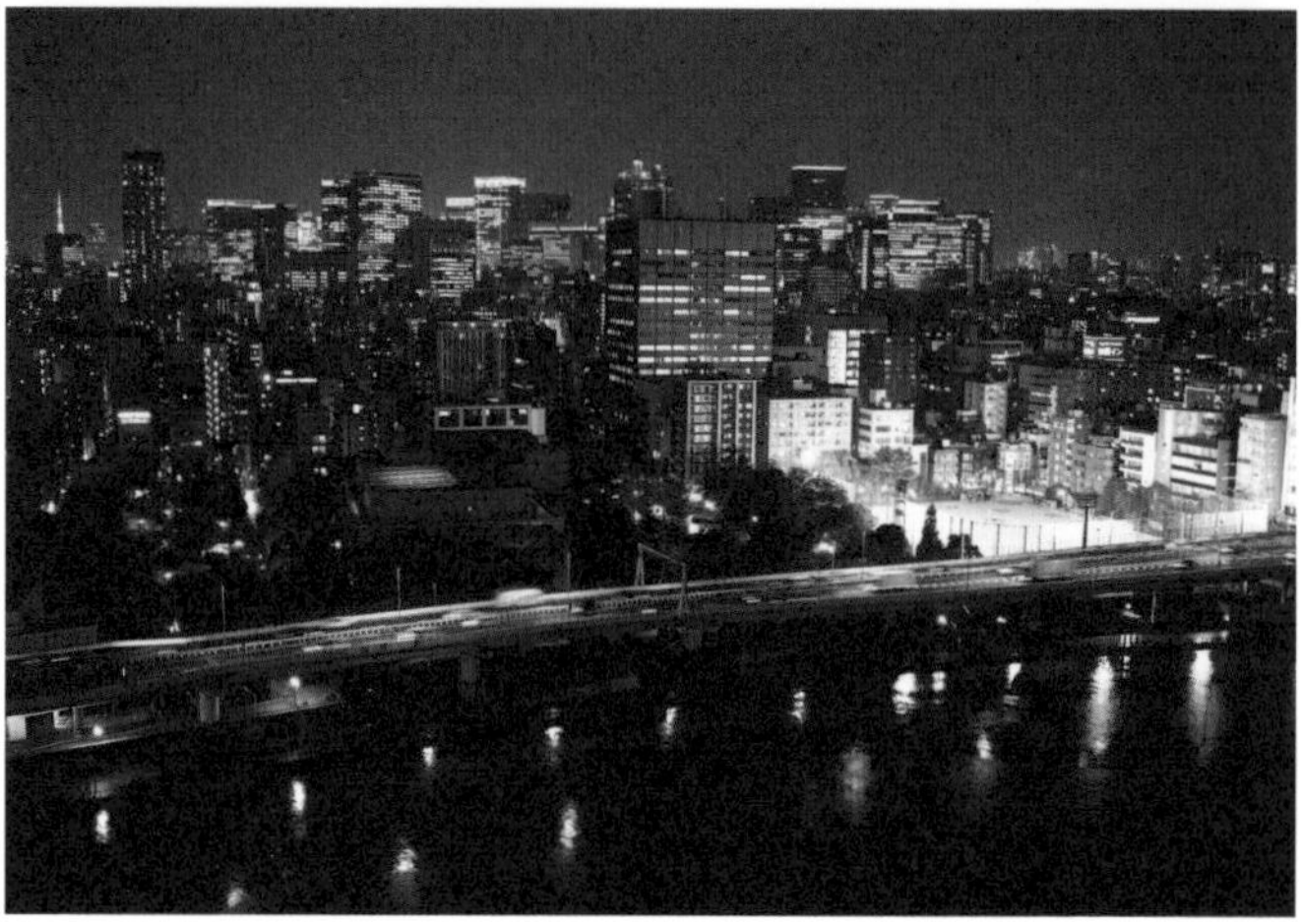

アイデンティティーを知ってもらう、とても大切なイニシエーションだった。あと1週間あれば、生きた父に彼を会わせることができたのに……と残念な気持ちもある。でもたぶん照れ屋の父は、日本にやってきた彼を上の方から眺めて「なかなかいい男じゃないか。嫁に行き遅れた俺の娘はお前さんにやるよ」と逝ったんだね……父逝去の夜、そんな話を、彼としていた。11月の中旬、星が瞬く寒い冬のベランダで、父のためにろうそくを灯しながら。

亡くなる1週間前まで、きちんとジャケットにハンチングをかぶって、車椅子などカッコ悪い！と突っぱね、杖をついて病院へ通っていた父。がん告知のカンファレンス時、手術を勧める医師に決然とした態度で「手術も治療もしない。生まれるときは選べないのだから、死に方くらい自分で決める」と言い放ち、告知された余命よりもずっと長く、実家で好きなように暮らした父。わがままで傍若無人な昭和の暴れん坊だったが、彼の最後は家族に最低限の苦しみしか与えず、自身の尊厳も同時に守り抜いた鮮やかな死だった。決していい父親とはいえなかった。父親という家族内の役割を無視して、好き放題生きて死んだ。そんな父を子どもの頃は、半ば恨んでもいたのだけど、この年齢になってわかるのは、誰もがただひとりの人間として生き、最後もまたただひとりの人間として死ぬ権利があるということ。それがたとえ家族でも、純粋な個々の死を他者の雑音で乱してはいけない。そして、そんな親を理解して許すチャンスは、生きている間しかないということも。

父の死に様は、私の死生観に大きな影響を与えた。私も私自身のまま、いつかこの世を去りたい。父ほど無責任な人生は送りたくないけれど、それでも父はカッコいい人だったと、今なら言える。両親の死の見送り……特に母を最後の一呼吸まで弟たちと見送ったことは、三途の川の淵まで母の手を引いた、私たち自身の生きた死の経験だった。親が子どもに手渡す最後の贈り物は、いつか必ず訪れる死の予行演習だ。親子という枠を飛び越え、生を全うした先輩として「残された人生、精一杯やりなさいね」というメッセージが添えられた、命の贈り物。

許し、見送り、メメントを盛るだけ盛った後、私は自分のある一部が、新しく生まれ変わったように感じる。鏡をのぞけば日々下がっていく頬、深まるほうれい線、シミも小じわも当然できる。でもそんなもの、微々たる問題だ。自分と向き合い、どう生きたいのかと問いかける。明日のことはわからないけれど、今日できることはなるべく先送りにしない。でも、がちがちに決め込むのではなく、吹いてきた風をしなやかに受け止めて、そのつど考え、自分の意志で選び取っていく。そうして、今日も私は食事をこしらえる。二度とないこの時を、よりよく生きるために。食べることは生きることだから。伊達《だて》にここまで生きてはいないのだ。喜怒哀楽、いろんな経験をひと通りしてきた自分を信じていい。それでももし不安になったなら、この言葉を口にしてみてほしい。

哀しくてもおなかは空くし、明日はちゃんとやってくる。

―ねこしきベシャメルソース

―ねこしき常備たれ三種

―花の命は短くて　旬のくだものマリネ

―ねこしき冷凍保存のススメ

Piki

ねこしきベシャメルソース

野菜も魚介も、なんでもご馳走にしてしまう象牙色のベシャメルソースは、少量作るよりもいっぺんにたくさん作ったほうが失敗しません。失敗の原因は、薄力粉のコシが抜け切れていない……つまり、炒め時間が足りないことにあります。じっくり約13分、濃いオレンジ色がかったきつね色になるまで炒めると、小麦の香ばしさが立ち上り、ダマのないなめらかな仕上がりになります。冷蔵保存なら、表面をならしてぴっちりラップを密着させて1週間。冷凍なら使いやすく100gずつ小分けして、冷凍庫で2〜3カ月保存可能。自家製ベシャメルソースで作るロールキャベツグラタンは、ほっぺが落ちる美味しさですよ！

材料（作りやすい分量）

無塩バター…100g
薄力粉…100g
牛乳…1ℓ
玉ねぎ…1/4個
ローリエ…1枚

作り方

1 鍋に牛乳、薄切りした玉ねぎ、ローリエを入れて弱火で温め、沸騰直前に火を止める。

2 別の鍋（ほうろうがベスト）を火にかけバターを溶かしてふるった薄力粉を木べらでよく炒める。火は常にごく弱火。最初はとろりとしている感触が、徐々に薄力粉のコシが抜けて水のようにさらさらになってくる。この状態になったら、木べらを動かすストロークを速くして、常に手を休めずに炒め続ける。10分を過ぎた頃になると、鍋から香ばしい香りが立ってくるので、さらに1〜2分炒めて（焦げない程度に）全体がオレンジ色になって、香ばしさが出たら火を止める。

3 1をこし器や取っ手付きのざるなどでこしながら2の鍋に少し入れて、よくかき混ぜる。初めは沸騰するので、ハネに気をつけて。その後は、少しずつ加えてよく混ぜる、を繰り返す。しっかり生地のコシが抜けてさえいれば、ダマになることなく、木べら1本でなめらかなベシャメルソースができ上がる。万が一ダマになりそうだったら、泡立て器でガシャガシャとかき混ぜればなんとかなるので、あまり神経質にならずに。

4 保存は粗熱がとれたらラップに取り分けて冷凍（2〜3カ月保存可能）、もしくはタッパーなどの保存容器に入れ表面をならしてラップをぴっちり貼り付け冷蔵（1週間保存可能）する。グラタンなら1人分100g＋生クリーム50ccが基準となるので保存の目安にどうぞ。

a. 牛乳は、薄力粉を炒め始めるときに弱火にかけると、ちょうどよい時間に煮立つ
b. 薄力粉は一気に入れて、手早くバターと混ぜ込む
c. 始めの頃は、まるでシュー生地のようにもったりしているが、徐々にさらさらになっていく
d. 木べらでかいて、鍋の底が一瞬見えるさらさらの状態になってきたら、あともう一息
（この時点で約10分くらい）

e. 約13分経過、オレンジ色がかった濃いきつね色に。香ばしい香りが立ち込める
f. 牛乳を入れるときは、必ず鍋の火を止めて。最初は少しだけ入れて手早く混ぜ込む
g. 1ℓの牛乳を5〜6回に分けて入れていく。入れるつど手早く混ぜて
h. 牛乳を全部入れ終わったところ。木べら1本で、なめらかなベシャメルソースに

ロールキャベツグラタン

材料（2皿分）

自家製ベシャメルソース … 200g
ロールキャベツ … 2個（作り方P60）
生クリーム（牛乳または豆乳でも可）
… 30cc
ロールキャベツのスープ … 50cc
塩、白胡椒 … 各少々
削ったハードチーズ
（コンテ、グリュイエールなど
味の濃いもの）… 30g
（シュレッドチーズ、粉チーズでも可）
パン粉 … 大さじ1

作り方

1 オーブンは200℃に温めておく。ロールキャベツも軽く温めておく。
2 ベシャメルソースとロールキャベツのスープを小鍋に入れ、弱火で温めながらよく混ぜる。火を止める直前に生クリームを入れ、味をみてから塩、胡椒を好みで加える。
3 耐熱皿にロールキャベツを置き、上から2のベシャメルソースをたっぷりとかけて、削ったチーズとパン粉をのせ、オーブンで表面がきつね色になるまで13〜15分ほど焼く。

ねこしき常備たれ三種

野菜のお浸しが大好きで、冷蔵庫にはいつもなにがしかのゆで野菜をストックしています。でも、いつも定番のごま和えばかりだとちょっとつまらないし、たれだけ変えれば同じ野菜でもあきずに食べられる。そういうわけで、我が家はいつも2〜3種類の味の違うたれを常備しているのです。野菜だけでなく、蒸した魚や肉にも使えてとっても便利なうえ、2〜3回で使い切れる量で作れば、新鮮なままキープできるのもよい。《香り黒酢だれ》は、わかめをのせた冷や奴や、キャベツの海苔和えにぴったり。《梅ごまだれ》は、ほうれん草などの青菜類に万能。《柚子たらこ》は、かまぼこなどの練り物とも相性がいいし、焼き餅にかけるとこれまた最高なんです。

梅ごまだれ

柚子たらこ

香り黒酢だれ

材料

《香り黒酢だれ》
醤油 … 大さじ$2\frac{1}{2}$
黒酢 … 大さじ$1\frac{1}{2}$
茅乃舎だし（焼きあご入）
… 小さじ$\frac{1}{2}$
好みの辣油
… 小さじ$\frac{1}{4}$〜$\frac{1}{2}$
すりつぶしたマーガオ
… 3〜5g

《梅ごまだれ》
ねりごま … 大さじ2
茅乃舎だし（焼きあご入）
… 小さじ$\frac{1}{2}$
きび砂糖 … 小さじ2
醤油 … 小さじ2
ジャスミンティー
（ほうじ茶、麦茶なども可）
… 大さじ1〜2
叩いた梅干し … 1個

《柚子たらこ》
たらこ
… 小1腹（薄皮を除く）
レモン汁 … 小さじ$\frac{1}{2}$
茅乃舎だし（焼きあご入）
… 小さじ$\frac{1}{2}$
刻んだ柚子の皮
… 5gくらい
マヨネーズ … 大さじ1
ヨーグルト … 大さじ1
醤油 … ひとたらし

作り方

それぞれ各材料を合わせてよく混ぜる。《香り黒酢だれ》《梅ごまだれ》は1週間、《柚子たらこ》は3〜4日間、冷蔵庫で保存可能。

キャベツの海苔和え

材料（1〜2人分）

ゆでキャベツ … $\frac{1}{4}$個分
海苔 … $\frac{1}{2}$枚
香り黒酢だれ … 大さじ1

作り方

ゆでキャベツをぎゅっと絞って水けを切り、ボウルに入れて、海苔を細かくちぎって黒酢だれと和える。以上。

花の命は短くて　旬のくだものマリネ

八百屋さんの店先で、キズもののくだものと目が合うと、まるで捨て猫を見つけてしまったときのような気持ちになって買わずにはいられません。ようし、おばちゃんがお嬢さんたちを、美味しいマリネに変えてあげましょう。そんな気持ちで家に連れ帰った桃やプラム、柑橘《かんきつ》類、無花果《いちじく》。そしてマリネにもよく合う苺は、ジャムにするような小粒のもののほうがむしろ向いています。まぶす砂糖はきび砂糖、黒砂糖、甜菜《てんさい》糖など、ヴィネガーも白ワイン、黒酢など、ハーブはローズマリー、ミント、タイムなどくだものによって変えます。マリネのジュースごとドレッシングに加えたフルーツ入りのサラダにチーズを合わせたり、パルフェの具材にしたりと、楽しみ方は無限大。

材料

《苺のマリネ》

苺…1パック

A
- 赤ワインヴィネガー（ホリスワインビネガー、ホワイトバルサミコ、黒酢などでも可）…大さじ1〜2
- レモン汁…大さじ1
- きび砂糖（黒砂糖でも可）…大さじ1〜2
- はちみつ…小さじ2
- バジル…1枝（葉4〜5枚）
- 黒胡椒…少々

《グレープフルーツのマリネ》

グレープフルーツ…2個

A
- ホリスワインビネガー（白ワインヴィネガー、りんご酢でも可）…大さじ1〜2
- レモン汁…大さじ1
- はちみつ…大さじ2
- すりおろした生姜…ひとかけ分
- ミント…1枝
- カルダモン粉末…小さじ1/4
- 白胡椒…少々

《無花果のマリネ》

無花果…1パック

A
- ホリスワインビネガー（白ワインヴィネガー、りんご酢でも可）…大さじ1〜2
- レモン汁…大さじ1
- 甜菜糖（きび砂糖でも可）…大さじ1〜2
- ローズマリー…2枝
- 白胡椒…少々

作り方

1
苺はへたを取り、大きなものは食べやすい大きさに切る。グレープフルーツは薄皮までむいて、身だけにしておく。無花果は皮をむいて、縦半分か1/4に切る。

2
それぞれのAを各フルーツと合わせて、ボウルの中で両手で優しく混ぜ、冷蔵庫で最低1時間休ませればでき上がり。賞味期間は5日ほど。

ねこしき冷凍保存のススメ

ひとり暮らしは1回の料理に使う食材が少ないから、自家製冷凍食品にすることが、食材を無駄なく上手に使い切るための知恵かと。茸好きな私は、生よりもむしろ冷凍したほうがしゃっきり感が出る茸類を常時3〜5種類保存していますし、日々のお味噌汁にも欠かせない酒粕も小分けにして冷凍。ベシャメルソースはもちろんのこと、柚子やかぼすなどの、旬を過ぎると入手しづらい柑橘類の皮も。そして欠かせないのが生ハーブ。えっ、ハーブなんか冷凍できるの？　とよく聞かれますが、フランスのスーパーには、かならず冷凍生ハーブがあるので、そこからお知恵を拝借しました。これでパックク買いのハーブたちも、無駄なく焦らず使ってあげられますよ。

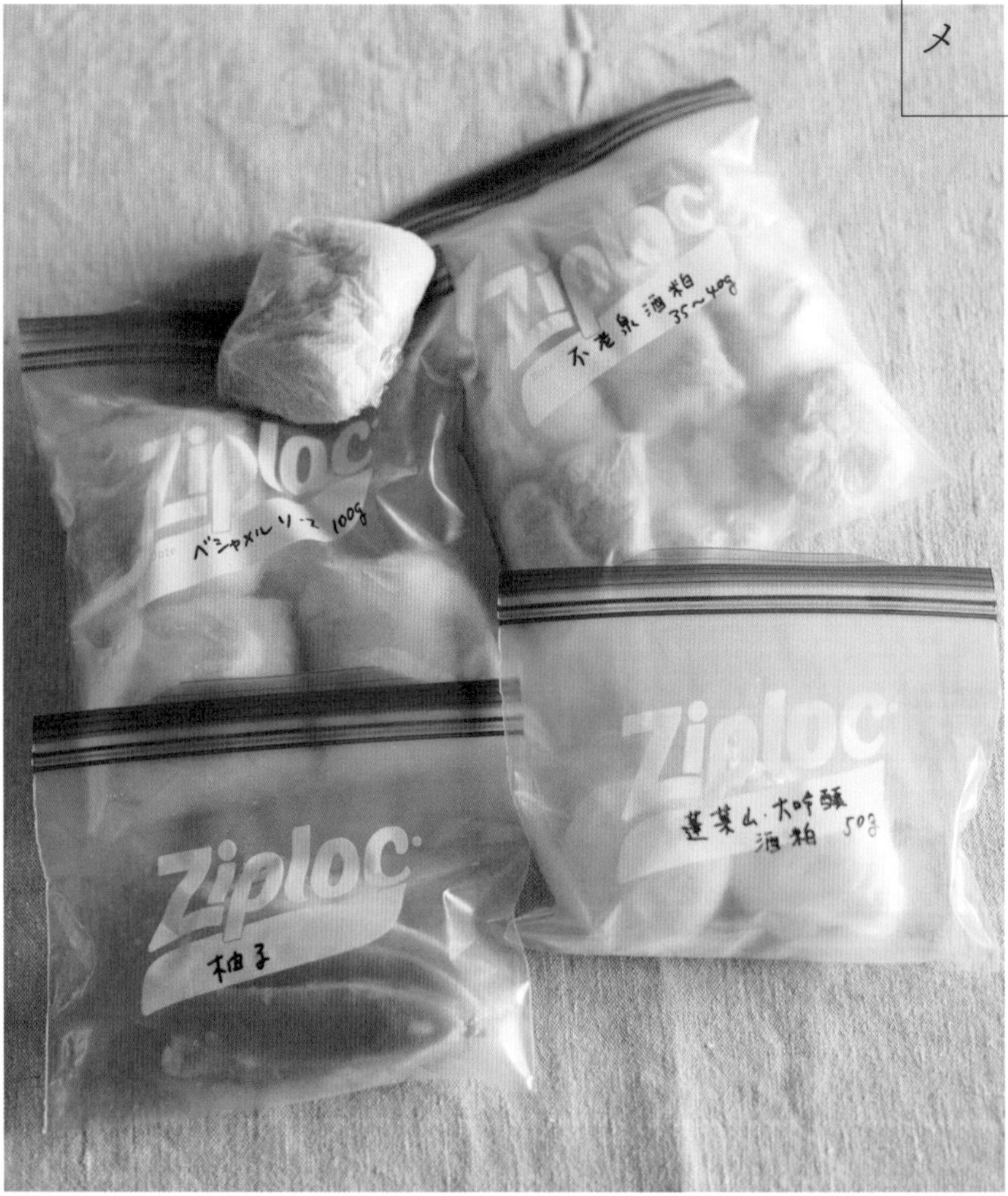

Ziploc
Ziploc
タイム
Ziploc
セイジ
-30°C
ローズマリー

久原本家茅乃舎

だしって料理の要だけど、毎日イチからとるわけにもいかないし、何種類も揃えるのは大変。で、私が選んだ基本だしが《茅乃舎だし〜焼きあご入》と《野菜だし〜コンソメ風》。このふたつがあれば和洋ほぼすべてがカヴァーできる、引き出しの広いだし。

kubara.jp/kayanoya/

リケンの素材力だし

スーパーで気軽に買えるだしのなかでは、信頼度ナンバーワンの《素材力だし〜本かつおだし》。なぜか海苔たまサンドの卵焼きはこれじゃないと、この味が出ないのです。ちなみに、同じシリーズの《素材力だし〜こんぶだし》も、万能だしとして我が家の定番。

rikenvitamin.jp/household/products/dashi/

ホリスワインビネガー

1935年に生まれた、日本初のワインヴィネガー。山梨県産ぶどう100%で作られたこのお酢は、白ワインヴィネガーの爽やかさと赤ワインヴィネガーのコクを両方兼ね備えているので、1本あれば大抵のお料理に合う優れもの。クラシックな瓶も素敵です。

fujimineral.jp/products/wine-vinegar/

信州須藤農園

昔ながらの《スドージャム》から生まれた、厳選された果実100%・砂糖不使用の高品質ブランド。この〝100%フルーツ〟シリーズの、サワーチェリージャムに惚れ込み、通販で定期購入しています。日本では珍しいクランベリージャムは、スコーンのお供に。

sudo-jam.co.jp/sudonouen.html

近江屋洋菓子店

1884年創業の、東京・神田を代表する老舗洋菓子店。本書の製作にて、大変お世話になりました。クラシックな内装の店内と、昔ながらの佇まいのケーキたち。フルーツのスペシャリストだけあって、時期によって苺の銘柄指定によるケーキが注文できるのは、あまり知られていないかも。

住所●東京都千代田区神田淡路町2-4　**Tel**●03-3251-1088
営業時間●9〜19時（日祝は10〜17時半）
定休日●なし（年末年始をのぞく）
ohmiyayougashiten.co.jp/index.html

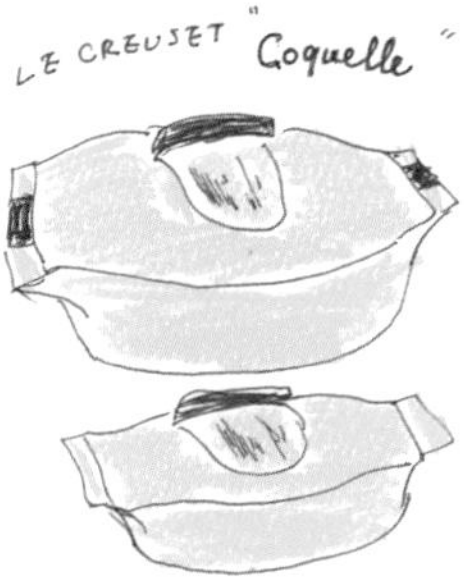

ヴィンテージ
《ル・クルーゼ》のコケル

パリ出身で、主にアメリカで活躍したインダストリアルデザイナー、レイモンド・ロウイーがデザインして1958年に発売された《Coquelle–コケル》の鍋。その昔、パリのヴァンヴの蚤の市で発見して即買いした宝物。グラタンプレートとして作られた、同じレモンイエローの浅鍋を、その数年後に再び発見し、お揃いで持っています。モダンな四角いフォルムは見た目の美しさ以上に、ロールキャベツや様々なお料理に、想像以上に使い勝手の良さを発揮してくれるのです。

器のこだわり

ごはんを美しく支える器は生き物のような息吹を感じて、国内外問わず、ついつい集めてしまうのです。海苔たまサンドのお皿は林拓児さん（@hayashi takuji_）、ポト・フーの大鉢は柏木千繪さん（@ti_k.ta_k）。今回は登場しませんでしたが、西村昌晃さん（@nishimuramasaaki）、市川孝さん（@takashi_ichikawa）の器も好きで所持しています。そのほかの洋皿類は、フランス各地のヴィンテージや、チュニジアのスーク（市場）で買ったクスクス皿など。フランスの各地方にある民芸窯も大好きでいくつか所持。いつか、フランス全土の窯元を巡るのが夢です。

BEAVER BREAD

銀座の名店《ブーランジェリーレカン》のシェフだった割田健一さんのお店。私のなかには〝主食は生活徒歩圏内で調達すべし〟というモットーがあります。そのうえ、ここのパンドゥカンパーニュ《マルティグラ》は、ちょっと度肝を抜かれるクオリティー。すべてのパンが素晴らしく美味しい。

住所●東京都中央区東日本橋3丁目4-3
Tel●03-6661-7145　**営業時間**●8〜19時（土日祝は18時まで）
定休日●月火　facebook.com/beaver.bread/

オリミネベーカーズ

日本のやわらかな食パンには、並々ならぬ愛を持っている私。レーズンからおこした天然酵母を用いた《折峰食パン》は、ほどよい弾力としっかりした生地感で、どんな食材も受け止める懐が深いパン。看板の《くまパン》も、かわいい顔してすごいクリームパン。

住所●中央区築地7-10-11　**Tel**●03-6228-4555
営業時間●10〜19時　**定休日**●なし（年末年始をのぞく）
oriminebakers.com/shops

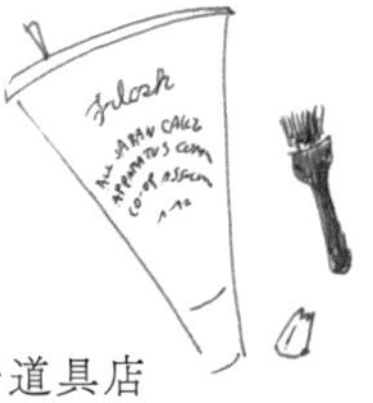

吉田菓子道具店

東京・合羽橋にあるプロも足繁く通う、菓子道具の専門店。プロにはプロの、初心者には初心者の使いやすい道具を、懇切丁寧に説明してくれるのもよい。絞り袋や口金ほか、私の菓子道具は大体こちらで揃えています。

住所●東京都台東区西浅草2-6-5　**Tel**●03-3841-3448
営業時間●10〜17時　**定休日**●土日祝

おわりに

私が料理を好きな理由は〝消えもの〟だからと書いた。でも、こうして最後の文章を書いている今、それを食べる私自身も〝消えもの〟じゃないの、とハッとした。母の一周忌を迎えるまで、我が家の冷凍庫には、生前、母が最後に作ったカレーが保存されていた。市販のどこにでもあるカレー粉で作った、なんてことのない普通のカレー。けれど、母じゃないと出せない味のカレーが。どうしても食べられなくて、弟たちに「食べる?」と聞いてみたが、ふたりとも首を横に振るばかりだった。その気持ちは、ほかでもない私が一番よく知っていた。だって、食べたらタイムカプセルが一気に開いて、溢れる想いを受け止めきれない。その作り手はもうこの世にいないのに、カレーだけが存在しているなんて。結局、一周忌を終えたその日の夜、母のカレーをあの世に返した。たぶん、父が美味しく食べたと思う。父は母のなんてことのないカレーが好きだったから。カレーの実体は消えたけど、私は今もその味を覚えている。〝消えもの〟である料理は、姿を消しはしても、食べ手に命を託し、舌と心に残る幸せな記憶として姿を変える。だから、正しくは〝消えない〟のだ。

命あるものすべてがそうならば、死はさほど怖くはない……と、私は思い直した。よほどの偉業を成し得なければ、大抵の人の記憶はいつか忘れ去られる。けれど、日々想いを注いで丁寧に生きた日常の小さな軌跡は、目に見えない光となって、見知らぬ誰かを照らし続ける。料理のレシピとはそうしたもので、それはまた、人生のレシピともいえる。

この本を書いてみないかと声をかけてくれた同世代の編集者・田辺真由美さんは、死生観を含め、50歳の今の私を取りこぼすことなく形にしてくれた。あなたとの再会も、イオと同じくらい強い運命でした。写真家・鈴木陽介さんは、既存の料理本という概念を軽々と超えて、食べ物も猫も同じ命あるものとして対峙してくれた。なにもかも美味しそうに食べてくれたアシスタントの澤木亮平くん。料理本ともエッセイともジャンル分けしがたい力のいるこの本の真意を読み取ってくれた、デザイナーの若井夏澄さん。そして、ここに登場するすべての人や猫たち。日々、私を支えてくれている愛する方々へ、この場をお借りして感謝致します。この本が、ずっとあなたの傍にあることを願って。

風の時代がやってきた2021年・春　隅田川のほとりにて

猫沢《ねこざわ》エミ

ミュージシャン、文筆家、映画解説者、生活料理人。2002年に渡仏。2007年より10年間、フランス文化に特化したフリーペーパー《Bonzour Japon》の編集長を務める。超実践型フランス語教室《にゃんフラ》主宰。著書に『猫と生きる。』（辰巳出版）、『東京下町時間』『フランスの更紗手帖』（ともにパイ インターナショナル）など多数。
Instagram：@necozawaemi

ねこしき

哀《かな》しくても
おなかは空《す》くし、
明日《あした》はちゃんと
やってくる。

2021年4月15日　初版第1刷発行
2022年11月15日　第6刷発行

著者　猫沢エミ

発行者　多田敏男
発行所　TAC株式会社
出版事業部（TAC出版）
〒101-8383
東京都千代田区神田三崎町3-2-18
電話　03(5276)9492（営業）
FAX　03(5276)9674
www.shuppan.tac-school.co.jp

印刷　株式会社光邦
製本　株式会社常川製本

装丁　若井夏澄（tri）
撮影　鈴木陽介
フランス語題字　Yann Lazoo
編集　田辺真由美（TAC出版）

ISBN 978-4-8132-9647-8
N.D.C.596